崧華文創

李沛錞 著

圖書館
永續發展與
韌性策略

Sustainable Development and Resilience Strategies:
The Role of Libraries in Shaping a Sustainable Society

跨越學科，共塑未來——圖書館與永續發展

圖書館如何成為邁向永續發展的關鍵？

韌性策略理論洞見與實踐指南

全球視野下的策略性行動藍圖

作者序

在當前全球面臨諸多挑戰，如氣候變化、資源短缺、生態危機以及社會經濟不平等等問題之際，永續發展與韌性策略的重要性日益突顯。永續發展旨於滿足當代需求，同時不損害未來世代滿足其需求的能力，強調環境保護、社會公正與經濟發展的平衡。韌性策略則關注系統、社區或組織面對衝擊與壓力時，其恢復、適應與轉型的能力，以保障長期生存與發展。以下從幾個方面闡述永續發展與韌性策略的重要性及其關聯性：

1. 面對環境挑戰的應對能力：氣候變化與生態危機對人類社會與自然環境構成了前所未有的威脅。永續發展策略透過推動綠色能源、減少溫室氣體排放、保護生物多樣性等措施，旨於減輕這些環境問題。而韌性策略則幫助社會、經濟系統及自然環境在面對這些挑戰時，能夠更好地恢復與適應，甚至轉型為更永續的狀態。

2. 促進社會經濟的永續發展：永續發展要求經濟活動不僅要促進經濟增長，同時要確保社會公正與環境保護。韌性策略在此基礎上進一步強調，在經濟面臨衝擊（如金融危機、自然災害等）時，社會與經濟系統能夠有效地恢復並保

持其功能，以確保持續發展。

3. 加強系統的適應能力與轉型潛力：韌性不僅涉及在衝擊後的恢復，更重要的是透過學習與創新，提高系統面對未來不確定性的適應能力與轉型潛力。這與永續發展的目標相輔相成，透過促進技術創新、社會行為改變、制度創新，以加強社會、經濟與環境系統的整體韌性，進而實現永續發展。

4. 強化跨領域合作：實現永續發展與提高韌性需要政府、企業、非政府組織與民眾之間的廣泛合作。這種跨領域合作有助於集成多方面的知識與資源，形成完整的應對策略，有效應對全球性的挑戰，推動社會整體向永續發展目標邁進。

永續發展與韌性乃是相互依存、相互促進，共同構築出應對當前全球挑戰的整合性架構。這個架構對於指引國際社會合作、推動全球永續發展具有重要的理論與實踐意義。圖書館作為知識與資訊的儲存與傳播中心，在促進社會永續發展與韌性建設方面扮演著關鍵角色。面對全球變化迅速與環境挑戰日增的當代，圖書館的發展策略需著重於永續性與韌性，以確保其服務能夠適應未來的需求變化，並對抗各種潛在的危機。本書透過綜整分析跨領域科學文獻，用以呈現圖書館在永續發展與韌性策略方面的重要性，以下從幾個方面進行闡述：

1. 促進知識的永續傳播：圖書館收藏的多元化使其成

為跨時代知識傳承的重要場所。透過建立永續發展的收藏策略，如數位化古籍與珍貴文獻、發展綠色圖書館建築，圖書館不僅可保護實體圖書資源，同時也確保知識的長遠傳播，對於促進全民教育與文化保存具有不可或缺的功能。

2. 支持社區韌性建設：圖書館透過提供教育資源、社區活動與應對危機的資訊，支持社區成員的學習與成長，強化社區對抗自然災害與社會經濟挑戰的能力。此外，圖書館作為社區中的安全港灣，在災難發生時，亦能提供庇護所與資訊中心的功能，是社區韌性的重要支柱。

3 推動永續發展目標（SDGs）：圖書館透過其服務與資源，能夠直接或間接地支持聯合國永續發展目標。例如，提供關於清潔能源、綠色經濟與社會公正的資料，圖書館為實現這些目標提供學習與研究的平台。透過這種方式，圖書館實際參與全球永續發展進程中，貢獻於建立更加公平、綠色與包容的未來。

4. 促進數位韌性：在資訊科技快速發展的今日，圖書館在促進數位韌性方面扮演著關鍵角色。透過提供數位素養教育、開放獲取資源以及數位保存與安全策略，圖書館幫助民眾提高對數位資訊的運用能力以及保護自己免受網路威脅的能力。

承上述，圖書館在發展永續發展與韌性策略方面的重要性不言而喻。透過持續的創新與適應，圖書館能夠為當代及未來社會提供無可替代的支持與服務，以促進全球永續發

展的目標。透過整合科技管理、科技政策、圖書資訊學的跨領域研究視角，探討圖書館在永續發展與韌性建構的角色及功能，進而以多元理論觀點，提供圖書館邁向永續發展之韌性策略建議，我由衷期盼能夠在理論發展與實務應用上對圖書館產生貢獻。

目　次

作者序 ……………………………………………… i

第一章　圖書館推動永續發展目標 …………………… 1

　緒　論 …………………………………………… 1

　第一節　聯合國永續發展目標 ………………… 3

　第二節　圖書館對永續發展議題的關注與探討 ……… 9

　第三節　圖書館推動永續發展目標的角色與功能…… 15

　參考文獻 ………………………………………… 23

第二章　韌　性 ……………………………………… 31

　緒　論 …………………………………………… 31

　第一節　韌性 …………………………………… 32

　第二節　韌性在不同領域的研究與探討 ……… 35

　　一、韌性在心理學領域的探討 ……………… 35

　　二、韌性在環境及生態系統領域的探討 …… 38

　　三、韌性在區域經濟議題的探討 …………… 42

　　四、韌性在工程領域的探討 ………………… 45

　第三節　圖書館邁向永續發展的韌性策略 ……48

圖書館韌性策略一：資源共享與循環利用 ⋯⋯⋯⋯ 49

圖書館韌性策略二：綠色建築與環境設計 ⋯⋯⋯⋯ 50

圖書館韌性策略三：社區參與及教育 ⋯⋯⋯⋯⋯⋯ 51

圖書館韌性策略四：資訊與知識的普及 ⋯⋯⋯⋯⋯ 53

圖書館韌性策略五：災害應對與風險管理 ⋯⋯⋯⋯ 54

參考文獻 ⋯⋯⋯⋯⋯⋯⋯⋯⋯⋯⋯⋯⋯⋯⋯⋯⋯ 57

第三章　韌性與永續發展 ⋯⋯⋯⋯⋯⋯⋯⋯⋯⋯ 77

緒　論 ⋯⋯⋯⋯⋯⋯⋯⋯⋯⋯⋯⋯⋯⋯⋯⋯⋯⋯ 77

第一節　韌性與永續發展 ⋯⋯⋯⋯⋯⋯⋯⋯⋯⋯⋯ 78

一、將韌性視為永續發展的一部分 ⋯⋯⋯⋯⋯⋯ 83

二、將永續發展視為韌性的一部分 ⋯⋯⋯⋯⋯⋯ 85

三、將永續發展及韌性視為不同的目標 ⋯⋯⋯⋯ 87

第二節　以系統觀點探討韌性策略 ⋯⋯⋯⋯⋯⋯⋯ 90

一、整合型策略的重要性 ⋯⋯⋯⋯⋯⋯⋯⋯⋯⋯ 93

二、社區整合與參與 ⋯⋯⋯⋯⋯⋯⋯⋯⋯⋯⋯⋯ 95

三、跨領域合作的拓展 ⋯⋯⋯⋯⋯⋯⋯⋯⋯⋯⋯ 96

四、數位化與科技創新 ⋯⋯⋯⋯⋯⋯⋯⋯⋯⋯⋯ 98

五、持續學習與適應性管理 ⋯⋯⋯⋯⋯⋯⋯⋯⋯ 99

參考文獻 ⋯⋯⋯⋯⋯⋯⋯⋯⋯⋯⋯⋯⋯⋯⋯⋯ 102

第四章　圖書館強化社區參與及社區韌性‥‥‥‥‥111

　　緒　論‥‥‥‥‥‥‥‥‥‥‥‥‥‥‥‥‥‥‥ 111

　　第一節　社區參與‥‥‥‥‥‥‥‥‥‥‥‥‥ 112

　　第二節　社區韌性‥‥‥‥‥‥‥‥‥‥‥‥‥ 119

　　第三節　公共圖書館如何強化社區韌性‥‥‥‥ 128

　　參考文獻‥‥‥‥‥‥‥‥‥‥‥‥‥‥‥‥‥ 136

第五章　數位韌性‥‥‥‥‥‥‥‥‥‥‥‥‥‥147

　　緒　論‥‥‥‥‥‥‥‥‥‥‥‥‥‥‥‥‥‥ 147

　　第一節　數位韌性之定義、內涵及應用‥‥‥‥ 148

　　第二節　如何調查與量測數位韌性‥‥‥‥‥‥ 154

　　第三節　數位韌性對永續發展的重要性‥‥‥‥ 159

　　參考文獻‥‥‥‥‥‥‥‥‥‥‥‥‥‥‥‥‥ 162

第六章　圖書館數位化發展及數位韌性‥‥‥‥‥177

　　緒　論‥‥‥‥‥‥‥‥‥‥‥‥‥‥‥‥‥‥ 177

　　第一節　圖書館創新與數位化發展‥‥‥‥‥‥ 177

　　第二節　圖書館的數位韌性‥‥‥‥‥‥‥‥‥ 184

　　　一、在數位館藏保存方面‥‥‥‥‥‥‥‥‥ 188

　　　二、在數位技術的適應（Technological Adaptation）方面

　　　‥‥‥‥‥‥‥‥‥‥‥‥‥‥‥‥‥‥‥‥‥ 189

三、在社區參與（Community Engagement）方面⋯189

四、在資訊可及性（Information Accessibility）方面
⋯⋯⋯⋯⋯⋯⋯⋯⋯⋯⋯⋯⋯⋯⋯⋯ 190

參考文獻 ⋯⋯⋯⋯⋯⋯⋯⋯⋯⋯⋯⋯⋯⋯ 197

第一章　圖書館推動永續發展目標

緒　論

　　面對氣候變化、環境破壞、社會正義以及日益擴大的貧富差距等當代挑戰，2015 年，聯合國提出「2030 永續發展目標」（Sustainable Development Goals, SDGs），這個架構包涵從根除貧困、抗衡氣候變化到推動性別平等等 17 個宏觀目標，為全球提供一個共同進步與永續發展的藍圖。193 個國家的領導人齊心協力，承諾於 2030 年之前攜手實現這些目標，展現了國際社會對於建立一個更加公平、綠色的未來的堅定決心。在當代的全球永續發展議題中，聯合國永續發展目標已然成為各界參與者的核心參考架構。於 2015 年接替前一代的千禧年發展目標（Millennium Development Goals, 簡稱 MDGs）之後，SDGs 成為涵蓋環境、社會、經濟發展的全球性行動藍圖（Sachs, 2012）。SDGs 不僅在環境保護、社會公義與經濟發展之間建立相互依賴的橋樑，更重視跨學科、跨領域的合作模式。

　　為了更明確地指引圖書館推動永續發展的行動方針，並著眼於在邁向永續發展過程中不可或缺的韌性策略，本書運用文獻分析方法。透過科學文獻資料庫，以關鍵字檢索與下載，篩選並找出與推動永續發展及韌性策略相關的科學文

獻。這些文獻將作為本書的論述基礎，以期全面地了解當前圖書館在永續發展與韌性策略方面的現況、挑戰與最佳實踐，從而提供理論支持與實務建議。系統性文獻分析（Systematic Literature Review, SLR）是一種嚴謹且透明的研究方法，旨於綜合及評估既有的科學文獻，以回答特定研究問題。首先，本書確立了研究問題與目標「針對圖書館如何推動永續發展以及相關的韌性策略進行探討」，從而制定研究計畫與範圍，包括資料庫搜尋範圍、資料來源，本書選定 Scopus 科學文獻資料庫以及 Google Scholar，並定義用於文獻檢索的關鍵字組合，包括" sustainability", "library sustainability", "resilience", "resilience strategy", "sustainable development in libraries", "library resilience" 等進行檢索。

在選定的資料庫中進行關鍵字檢索後，下載相關文獻，並進行初步篩選，包括閱讀標題、摘要與關鍵字，排除不相關或重複的文獻。接著建立納入與排除標準，以確保篩選過程的一致性與透明度。納入標準包括研究內容直接涉及永續發展與韌性等相關文獻，文獻類型涵蓋期刊文章、會議論文、書籍章節等；排除標準則包括不涉及相關文獻或缺乏實證數據的評論性文章。對初步篩選後的文獻進行全文閱讀，進一步排除不符合納入標準的文獻。透過這個流程，本書共找出 283 篇科學文獻，用以確保本書論述之全面性與嚴謹性，為圖書館在永續發展和韌性策略方面提供堅實的理論基礎與實踐指引。

　　本章期望更為明確地闡述圖書館在永續發展脈絡下的策略地位，並為圖書館未來的行動提供有力的理論支持以及具體實施指引邁向永續發展目標。據此，本章旨於探討圖書館如何在 SDGs 的推行中扮演關鍵角色，並分別從理論與實務維度進行全面性探討。首先，本章針對聯合國永續發展目標的核心概念與策略指引進行解析，以及在 SDGs 架構下，圖書館如何有效地參與其中，以期呈現出極其重要的研究價值與實務意涵。其次，本章納入國際間圖書資訊學領域的研究脈絡與關注焦點，用以呈現圖書館如何貢獻至永續發展目標之多維度發展議題。這不僅涉及對圖書館在永續發展中所扮演角色的剖析，同時也包括對圖書館功能與影響力的評估。透過強化對聯合國永續發展目標以及圖書館在其中所扮演角色的理解，以期促進學術研究及實務領域對圖書館在全球永續發展框架中的認知及參與。

第一節　聯合國永續發展目標

　　永續性（Sustainability）概念最早於 1980 年由《世界保育策略》（*The World Conservation Strategy*）一書中提出，爾後被廣泛運用於經濟、社會與環境等多個領域（Talbot, 1980）。1987 年的「布倫特蘭報告」（Brundtland Report）更進一步深化永續概念，呼籲針對人

類發展的各種觀念與方法進行根本性的改變（Keeble, 1988）。永續性的定義雖然因領域及議題而異，然而其核心思想均著重於三大要素：生活的有限性，經濟、社會與環境三者的密切關聯，以及資源與機會的平等分配。國際自然保育聯盟（International Union for Conservation of Nature,簡稱 IUCN）對此提出更為精確的解釋：「永續性是在不超過地球生態承載能力的前提下，提升人類生活品質的能力（Heselink & Goldstein, 2000）。」

聯合國於 2015 年所提出之「2030 永續發展議程（2030 Agenda for Sustainable Development）中」，該議程全名為「改變我們的世界：2030 年永續發展議程」，在 2015 年 9 月由 193 個會員國於紐約的永續發展高峰會中獲得一致認可，並於 2016 年 1 月 1 日正式生效，共研議出 17 項永續發展目標以及 169 項相關子指標，用以呈現經濟、社會、環境三個面向的關鍵議題，成為全球推動永續發展的共同語言及策略架構，並進一步倡議轉化為具體行動（United Nations, 2015），以期在 2030 年之前實現目標，並且確保「沒有人將會被遺漏」（Oosterhof, 2018）（Ochôa & Pinto, 2020）。

聯合國永續發展目標被視作是對終結全球貧窮、環境保護以及在 2030 年前促成全人類和平與繁榮的集體承諾。這些目標不僅包括經濟層面，例如「沒有貧窮」與「體面的工作與經濟成長」，同時也關注到社會與環境議題，例如

「性別平等」、「乾淨的水與公共衛生」以及「氣候行動」等。這些目標實質上構建了一個多維度的評估架構，其中涵蓋了環境、經濟與社會三大支柱。回溯這三大支柱概念的緣起，永續發展可以從三個領域、維度、範疇或支柱來思考，即環境、經濟、社會。三個領域的框架最初由經濟學家雷內・帕塞（Rene Passet）於 1979 年提出。它也被表述為「經濟、環境與社會」或「生態、經濟與公平」。爾後一些作者將之擴展為包括文化、機構或治理的第四支柱，或者重新配置為社會的四個領域——生態學、經濟學、政治學、文化學，從而將經濟學重新納入社會範疇內，並將生態學視為社會與自然的交集（Purvis et al., 2019），以突顯經濟發展與社會公義的密切關聯，同時強調生態就是社會與自然的交融之處。永續發展目標不僅是各國政府的行動指南，更是全球多方利益相關者共同參與的藍圖。這些目標與支柱不僅彼此相互影響，也在不斷地在學術研究與實踐中進行調適與升級，以應對全球持續變化的挑戰。從這個角度來看，「2030 永續發展目標」是一個不斷演化、多維度、跨學科的綜合架構，其中包含 17 項核心目標，涵蓋 169 項細項目標、230 項指標，指引全球共同努力、邁向永續，2030 永續發展目標包括：

- 目標 1：終結貧窮。
- 目標 2：零饑餓。
- 目標 3：良好的健康與福祉。

- 目標 4：優質教育。
- 目標 5：性別平等。
- 目標 6：清潔水資源和衛生設施。
- 目標 7：負擔得起的清潔能源。
- 目標 8：尊嚴就業與經濟成長。
- 目標 9：產業基礎設施。
- 目標 10：減少不平等。
- 目標 11：永續城鄉。
- 目標 12：負責任的消費與生產。
- 目標 13：氣候行動。
- 目標 14：水下生命。
- 目標 15：陸上生命。
- 目標 16：制度的正義與和平。
- 目標 17：實現目標的夥伴關係。

世界永續發展高峰會（World Summit on Sustainable Development, WSSD，簡稱地球高峰會）對於實踐永續發展的策略與行動具有指標性。從 1992 年在里約熱內盧舉行的地球高峰會，到其後的「十年對談（Decade of Dialogues）」，這一連串的國際會議不僅開啟了對永續性相關議題的廣泛討論，更將焦點聚焦至全球性的水、能源、食物與健康等核心議題（Dodds & Strauss, 2012; Grubb et al., 2019）。這些會議更進一步凸顯出已開發與未開發國家之間所存在的嚴重差距。在此高峰會中，多份文件與承諾被發布，旨於推進全球

永續發展的議程。在此情境下，2001 年的國家議會科學與環境國家會議（Science and the Environment 2001 National Conference）則提出了一系列建議（Egelston, 2022），其中包括針對圖書館與圖書館員在永續發展實踐中所扮演的角色及功能。首先，強調「合作夥伴關係（partnership）」的重要性。圖書館館員與資訊提供者不僅需要主動參與連結資訊來源與資訊使用者，更應該在地方、國家、以至國際層面上計劃與實施永續發展的倡議，從而自然地成為具有價值的合作夥伴（Mabudafhasi, 2002; Witte et al., 2003）。其次，資訊交流（information exchange）是另一個不可或缺的元素。圖書館員與資訊提供者應主動推廣科學數據的流通，並積極參與當地社區決策的過程，以確保資訊與數據能在決策中發揮最大效用。除此之外，「永續意識（awareness）」的提升也至關重要，圖書館與圖書館員需要被鼓勵與賦權以促進環境學習與環境意識，包括提高社區成員對於資訊與數據工具適當使用的認知，以協助社區成員能夠更全面地從決策的角度進行評估與整合（Stilwell, 2011; Stoss, 2003）。

美國圖書館協會（ALA）與新澤西州的全球學習組織（Global Learning of New Jersey）攜手合作，自美國國際開發署（U.S. Agency for International Development）獲得了30 萬美元的資助，用於自 1999 年起為期兩年的計劃。此計劃名為「圖書館建設永續社區」（Libraries Build Sustainable Communities, LBSC），旨於協助圖書館工作者了解與「永

續」這個詞彙相關的概念與議題。這個計畫呈現出圖書館與圖書館工作者在各種環境中如何作為社區永續發展的策略性資產與資源，同時實現正向發展、環境完整性以及公平的取用權。值得一提的是，「圖書館建設永續社區（LBSC）」計劃是在美國圖書館協會會長 Sarah Ann Long 的任期內（1999-2000 年）所進行的。她的 ALA 會長主軸即「圖書館建設社區（Libraries Build Community）」，深入探討圖書館作為促進社區歸屬感所扮演的關鍵角色。她同時主張圖書館及圖書館工作者，除了作為公共服務領域中活躍的參與者，且應與其他社區領袖共同參與社區規劃及發展的決策過程。美國圖書館協會（ALA）與全球學習機構組成的 LBSC 團隊所採取的首項行動，則出版 75,000 本資訊手冊「圖書館建設永續社區」，該手冊隨 2000 年 6 月/7 月號的《美國圖書館（*American Libraries*）》雜誌一同郵寄。此外，LBSC 團隊還準備了一天的培訓工作坊，在 2000 年芝加哥舉行的 ALA 年會前夕作為一項會前活動。該工作坊提供了對永續概念的概覽，並強化圖書館員在社區中作為領導者與創新者所扮演角色的認識與理解（Stoss, 2003）。

　　承上述，圖書館作為資訊及知識的中心，它是顯而易見且易於接觸的社區資源，對社區成員開放，並且在社區中扮演重要角色。圖書館與圖書館員在永續發展全球議程中亦擔任多重而重要的角色，包括作為資訊的樞紐、社區參與的促進者，以及環境意識的傳播者。這些角色不僅印證了圖書

館及館員在永續發展實踐中的不可或缺性，同時也為如何更有效地推動全球永續發展提供重要的實務意涵。

第二節　圖書館對永續發展議題的關注與探討

1990 年代以降，環境素養（environmental literacy）、生態素養（ecological literacy）、綠色素養（green literacy）逐漸受到關注，學者社群開始針對這三種素養的探討申請研究計畫與開設課程。在會議論文《從綠色圖書館到綠色資訊素養》中，S. Kurbanoğlu 和 J. Boustany 探討資訊素養及如何邁向綠色素養，以及如何貢獻至綠色圖書館運動（Kurbanoğlu & Boustany, 2014）。此外，「環境素養」一詞早在 1968 年即被提及。「生態素養」在當時也不是一個新名詞，它最初在 1980 年代末被公開使用，後來在 1990 年代出現。「綠色素養」一詞則是在 1990 年代初被提及，它被定義為「理解人類決策與行動對環境影響的能力，透過提高對永續發展意識的提升及鼓勵批判性思維，用以改變個人或機構的行為。」「永續發展素養」則是從更廣泛的視角來看，它定義為「個人深入致力於建設永續未來並協助做出有效決策的知識、技能與心態」。永續發展素養受到關注後，學者社群陸續出版相關書籍與文章，並在會議上發表論文，大學及學院將永續發展素養納入課程中（Hauke,

2017）。透過前述三種素養的發展與研究，我們得以可以窺見學者社群對永續發展議題探討的脈絡與沿革。

　　當圖書館在永續發展素養教育中的角色逐漸受到重視，「資訊取得」在聯合國永續發展目標中已被認定為目標16.10 下的一個具體指標。公共資訊取得可協助人們做出改善其生活的決策。擁有及時與相關資訊取得的社區，將更有能力擺脫貧窮與不平等，改善農業，提供優質教育，並促進人們的健康、文化、研究與創新。因此，圖書館的核心任務不僅提供資訊取得，同時必須在圖書館利用教育中傳授強化民眾資訊素養之相關知識與技能。然而，要真正滿足永續發展目標的需求，僅僅提供公共資訊取得是不夠的。面對當今世界，圖書館應更進一步協助培養民眾永續發展素養及相關技能，包括思考、解決問題、做出決策，並採取行動。透過強化永續發展素養，協助民眾擁有相關知識與技能，以建構出具備韌性的社會、經濟、環境系統（Hauke, 2017）。

　　儘管多年來已發展出許多綠色素養倡議，但為圖書館工作者或由圖書館提供的永續發展素養課程卻是寥寥無幾。瑪麗亞・安娜・揚科夫斯卡（Maria Anna Jankowska）在她的著作《專注於永續教育：學術圖書館工具書（*Focus on Education for Sustainability: Tookit for Academic Libraries*）》中主張圖書館與圖書館工作者應致力於推動永續發展教育。該著作強調學術圖書館的新角色，應將永續發展內涵融入資訊素養、館藏發展、學術出版及學術傳播、服務、行動以及

未來領導者的教育中（Simpson, 2016）。此外，為了響應全球綠色圖書館運動及聯合國永續發展目標，永續發展素養應融入圖書資訊科學課程中。在《永續發展素養與資訊素養：圖書館利用教育工作者的經驗（*Sustainability Literacy and Information Literacy: Leveraging Librarian Experience*）》文章中），托尼・M・卡特（Toni M. Carter）與格雷戈里・J・施密特（Gregory J. Schmidt）描述了美國奧本大學的圖書館工作者如何將永續發展素養整合到資訊素養課程中，以及這些努力對大學永續發展目標的影響（Carter & Schmidt, 2014）。

　　目前全球的圖書館、國際圖書館協會（International Federation of Library Associations and Institutions）以及美國圖書館協會（American Library Association）都已經將永續發展目標納入在實際行動中。圖書館已然成為永續發展的重要推手之一，且永續發展已經成為圖書資訊學領域研究發展的重要論述。國際圖書館協會主張圖書館針對環境永續發展應承擔責任並採取行動，據以提出實踐永續發展目標的宣言。身為社會發展中重要的一環，圖書館透過開放資訊取得，協助民眾有公平的機會進行學習、成長與發展。圖書館可以透過多種方法針對社區進行永續發展觀念與實務的倡議與推動，促使社區實際採取邁向永續發展之相關行動。儘管推動綠色圖書館的時間不長（Sarkar, 2020），然而根據過去研究顯示，圖書館正在各個方面逐漸累積對永續發展的努

力與貢獻（Antonelli, 2008; Aulisio, 2013; Binks et al., 2014; Charney, 2014; Latimer, 2011; Loder, 2010; Schöpfel, 2018; Turner, 2014）。雖然相較於其他學術領域，永續發展議題在圖書館事業中屬於相對較新的議題，且在永續發展相關政策方面的了解仍然不足。圖書資訊學領域的學者社群為協助圖書館及教育政策制定者更有效率地執行永續發展行動，進一步將永續議題融入圖書資訊學領域課程，以推動圖書資訊學領域在永續發展議題上的探討。例如 Khalid 等人（2021）透過系統性文獻回顧（Systematic Literature Reviews, SLRs），辨識及彙整出永續發展相關的學術研究成果[1]（Khalid et al., 2021），以協助研究及實務社群快速找出邁向永續發展目標的議題方向。

　　有鑑於基於永續發展議程之圖書館服務相關實務推動仍然缺乏，且評估圖書館服務以達永續發展目標的績效指標之相關研究仍然不足，因此在國際圖書館協會的倡導，以及葡萄牙圖書館館員協會的支持下，檔案學家與檔案工作者開展了一項圖書館發展計畫，用以配合聯合國的 2030 永續發展議程（Ochôa & Pinto, 2020）。該計畫旨於建立圖書館對永續發展目標的系統性貢獻評估機制，並且透過葡萄牙圖書館館員、檔案學家與檔案管理者協會網站進行相關資訊的分

---

[1] SLR 是一種設計用於公平、公正且具有系統性的文獻分析方法，已經成為廣受認可的文獻回顧形式（Tranfield et al., 2003）。尤其在界定與概化學科領域的知識發展時，系統性文獻回顧可用來評估近期受到重視的學術領域，辨識出知識圖譜上的發展缺口，研究者可據以制定具體的研究提案。

享與取得。新里斯本大學的 Centre for the Humanities
（CHAM）研究團隊 2016 年起以全球化思維在葡萄牙當地
實踐與探索公共圖書館如何透過資料收集，用以評估其對永
續發展目標的貢獻。該研究團隊展開了一項名為「公共圖書
館與永續發展：收集對 SDGs 貢獻的證據（PLS 計畫，
Bibliotecas Públicas e Sustentabilidade: Recolha de Evidências
da Contribuição para os ODS）」的行動研究計畫（Pinto &
Ochôa, 2019）。PLS 計畫旨於發展出一個架構，用以評估
公共圖書館對永續發展目標的貢獻。PLS 計畫借鑑理論評估
研究並且收集相關資訊，以期提供一個可普遍使用於評估圖
書館貢獻至永續發展目標的共通性架構。透過文獻回顧及問
卷調查方式探討葡萄牙公共圖書館在國內外的各項推展行動
與永續發展目標的連結。該研究計畫亦闡明圖書館對永續發
展目標的貢獻、發展進程之目標與子目標、圖書館所採取的
策略與行動，以及對利害關係人所產生的各種影響（Ochôa
& Pinto, 2020）。此外，該架構亦有助於建立葡萄牙國家獎
項的評估架構指引，用於表彰貢獻於永續發展目標之圖書館
最佳實踐典範。

　　永續發展是一個宏大的議題，17 項永續發展目標所涉
及之範疇相當廣泛，需要多重領域、各種專業的共同參與，
每個國家、政府、公私營機構都必須從中識別出自身的關鍵
挑戰為何，進一步透過產官學研各界的合作與共同參與，方
能真正地實現永續發展。據此，國際圖書館協會在 2016-

2021 年的策略指導下，主張圖書館成為 2030 永續發展議程的關鍵推動力量（IFLA, 2015）。17 項永續發展目標中，與圖書館服務高度相關的包括：SDG16 的子目標為資訊取用（子目標 16.10）、文化與資訊通訊技術亦被納入 SDGs 中（子目標 11.4、子目標 5b、9c、17.8）。此外，普遍識字率亦被視為 2030 永續發展議程的願景之一（Bertolini, 2017）。當圖書館之組織管理融入永續發展評估需求，則將進一步促使圖書館探索新服務的可能性。例如國際圖書館協會透過綠色圖書館獎來推廣綠色圖書館的概念，有鑑於綠色圖書館亦有助於實現四個永續發展目標：負擔得起的清潔能源、負責任的消費及生產、氣候行動、以及陸地生命。該獎項旨於展示圖書館之綠色實務，同時激勵其他圖書館邁向綠色實踐。圖書館工作者成為社會責任的領導者，且應擴展其角色與功能。圖書館工作者的角色正從「傳統」圖書館工作者轉變為「數位」與「社會」圖書館工作者，其中環境關注與綠色圖書館逐漸成為圖書資訊學領域中新興研究議題。圖書館可透過採用綠色建築設計、綠色實踐、素養計畫及綠色技術的使用來實現永續發展。IFLA 綠色圖書館倡議則是旨於推廣綠色圖書館，並用以號召全球圖書館共同實施的重要策略。因此，當圖書館將逐漸成為推動綠色運動的焦點；進而成為環境保護的關鍵角色，圖書館應不斷擴展視野，成為生態友好、促進環境永續發展的典範（S. Gupta, 2020）。

第三節　圖書館推動永續發展目標的角色與功能

　　世界正面臨氣候變遷所帶來前所未有的挑戰，污染、電子產品廢棄物、自然資源的枯竭已成為我們日常生活的一部分。二十一世紀的圖書館應在環境永續發展議題上發揮領導作用，透過發展綠色圖書館來應對這個挑戰。隨著時代的演進，現代圖書館已經歷了一場質變，不僅因應了紙本印刷與數位館藏的需求，也賦予網際網路一個嶄新而重要的角色。在網際網路時代，網路不僅僅是一個技術工具，更是一個社會的連接點，能夠銜接社區與更廣大的全球知識庫。此外，網際網路也促使圖書館成為在社區學習過程中發揮不可或缺影響力的機構。值得注意的是，當代圖書館已不僅僅局限於資訊的儲存與提供，更積極參與了「綠色思維」的推廣及實踐。這種轉變不僅具有策略性，同時亦表現出對永續發展與環境責任的堅定承諾。因此，圖書館不僅成為學術研究及學習活動的核心，更進一步成為推動學術社群與社會永續發展的力量，成為一個豐富且具有前瞻性的知識平台。

　　當圖書館已經從一個僅限於閱讀空間及資訊儲存的機構，逐漸轉變為一個多維度、具備多元功能、並深刻影響社會與學術發展的平台。這樣的轉變凸顯出圖書館在當代社會中具有多重且深遠的角色與責任。正如聯合國秘書長António Guterres 所指出，接下來的數年將對地球與人類的永續發展至關重要（Guterres & Ghebreyesus, n.d.）。在聯

合國的永續發展框架下，公共圖書館的角色變得越來越重
要，如 Fiona Bradley（2018: 118）所強調的，圖書館是實
現偉大目標不可或缺的一部分。圖書館不僅提供資訊及知
識，還可以促進民眾有效利用資通訊技術，培養民眾的資訊
素養，並確保資訊的長期可及性。公共圖書館不僅是社會與
個體變革的推動者，同時也是發展過程中的重要推手。因
此，圖書館在資訊提供及取用方面的貢獻對實現聯合國
2030 議程中的永續發展目標具有不可忽視的影響力
（Kosciejew, 2020）。

　　公共圖書館是一個關鍵且高度實用的社會資源，它能
確保永續發展目標的落實，並有助於塑造出更加公正、包容
與健康的社會。在面對數位化浪潮與環境永續性的挑戰，圖
書館不僅必須創新其服務模式，更須在策略層面上重新定位
其角色。過去，圖書館以其實體館藏成為學術研究與閱讀的
場域，隨著數位科技的發展，圖書館的使用者行為已從線下
逐漸轉向線上，進而引發了一系列服務轉型與環境議題。例
如數位科技的引入雖然解決了實體空間與館藏資料量的限
制，但其對環境的負面影響亦不容忽視（Berkhout & Hertin,
2001）。經濟合作暨發展組織（Organization for Economic
Cooperation and Development, OECD）於 2001 年提出環境
永續標準，其中特別指出創新、永續、同化、避免不可逆等
四個維度，這不僅是政府與非政府組織需要思考的，更是每
一個社會機構，包括圖書館，應深入考量的議題。

　　在此情境脈絡下，綠色圖書館（green library）的概念應運而生。在 1990 年代初期，綠色圖書館運動開始興起，並成為圖書資訊科學專業人員中研究的熱門話題（E. Gupta et al., 2018）。綠色圖書館的目的乃是透過採取減少對不可再生能源依賴並有效使用環境友好資源的實踐，採用創新技術，並且透過提升綠色素養意識，促使圖書館邁向永續。根據《圖書館與資訊科學線上詞典（*Online Dictionary of Library and Information Science, ODLIS*）》的定義，綠色圖書館或永續圖書館旨於透過謹慎的選址、使用天然建築材料及可生物分解產品、保護水、能源、紙張等資源以及負責任的廢物處理回收等方式，最大程度減少對自然環境的負面影響並提升室內環境品質的圖書館。綠色圖書館亦包括使用綠色技術、策略規劃及採用有助於永續發展的綠色實踐。成為永續發展典範的圖書館，可透過綠色理念、環境友好的建築實踐教育，幫助社區邁向永續發展（Antonelli, 2008）。

　　在現代資訊科技與數位化高度發展的時代背景下，印刷紙本的使用量仍然呈現出快速增加的趨勢，全球年紙張消耗達到 400 噸。紙張製造與印刷過程不僅消耗大量的天然資源，例如樹木、水、能源，使用多種有害人體及環境的化學物質，例如墨水、溶劑、酸性成分、染劑等。因此，綠色印刷及其相關環境友善策略亦成為一個重要議題。具體而言，綠色印刷不僅僅是一種環保概念，更是一種綜合應用多面向環境友善策略的實踐。其中包括從紙張回收、有效保護自然

資源，到減少墨水及其他化學物質的使用。例如，每回收一噸紙張即可拯救 17 棵樹木，同時也能減少空氣汙染。此外，墨水的生產與使用過程中也涉及多種有害化學成分，其中大豆墨水成為比石油更環保的選項，也呈現出更為永續的可能性。圖書館作為社會知識的重要據點，擔負著不可推卸的社會責任。因此，圖書館應積極採取上述環境友善的策略，以減少其碳足跡。不僅包括節省能源、減少廢物以及有效利用天然資源等，更包括選擇環境友善的素材與實踐綠色印刷等多元策略。除此之外，作為社會資源中心，圖書館亦成為推動綠色印刷與其他環保實踐的典範，以實現未來世代的永續發展。綠色圖書館不僅是一個概念，更是一種對社會、對環境、對未來責任的實踐。根據國際圖書館協會（IFLA）的指引，綠色圖書館不僅是具備環境意識的空間，更是一種追求環境永續性的資訊服務平台。這種圖書館結構依循「能源與環境先導設計標準」（Leadership in Energy and Environmental Design, LEED），並積極參與如回收與資源減耗等永續發展行動。其範疇不局限於建築物的綠化，同時也包括推動社區在環境議題上的參與以及資訊的有效使用（Hauke, 2015）。透過綠化服務的實施，例如素材的再利用與回收、減少廢物與有毒產品，以及發展替代技術，圖書館不僅可緩解其對環境的壓力，更能引領社會大眾對環境永續性有更深刻的認識。在發展綠色圖書館的目標下，可包括以下四項主要措施與實踐：（1）擁有綠色設計

與內部裝潢，（2）在圖書館的日常營運中融入綠色實踐，（3）綠色藏書發展及素養計劃，以及（4）採用可整合至圖書館運作中的創新與智慧技術（S. Gupta, 2020）。

此外，由 IFLA 所頒發的綠色圖書館獎（IFLA Green Library Award）旨於表彰最能充分展現對環境永續發展承諾的圖書館。綠色圖書館獎的頒發宗旨包括：（1）獎勵最能充分展現其對環境永續性承諾的綠色圖書館或綠色圖書館項目。（2）喚起對圖書館在環境教育方面的社會責任與領導作用的認識。（3）支持全球綠色圖書館運動，關注以下面向：環境永續性建築、環境永續性服務、活動、資訊資源、收藏及項目、資源與能源的保護。（4）促進本地、區域及全球綠色圖書館倡議的發展。（5）鼓勵各類型圖書館積極向國際讀者展示其綠色活動。遵循 IFLA 的關鍵倡議 1.1《展示圖書館在實現永續發展目標方面的力量》，綠色圖書館獎有助於透過闡明圖書館與圖書館員在提升永續發展標準以及促進專業實踐知識方面的重要性，以推動圖書館職能專業的發展（Sahavirta, 2017）。

綠色圖書館的目的與責任不僅是關乎物質層面的資源節約或環境保護，而是一項推動環境素養、促進社會平等以及提供資訊開放取用的社會工程。這種工程與 IFLA 的全球願景以及聯合國的永續發展目標緊密相關。國際圖書館協會（IFLA）的環境、永續及圖書館部門（Environment, Sustainability and Libraries Section, 簡稱 ENSULIB）的發展

目標旨於鼓勵圖書館員透過提供綠色圖書館材料，為全球的綠色圖書館員與圖書館項目發聲、以身作則、並透過舉辦論壇，啟發其社區走向更環保永續的實踐。特別是在當前環境受到氣候變化及社會不平等等多重衝擊下，所有組織都應該努力實踐永續發展目標以保護環境，而這當中也包括了各類型的圖書館。圖書館在實現永續發展目標方面可以發揮積極且重要的功能。ENSULIB 的承諾受到聯合國永續發展目標、巴黎氣候協定以及相關環境證書與計劃的指導。這反映出圖書館不僅在建築及日常營運中進行綠色實踐，同時在社區永續服務、政策制定以及專業發展等方面具有責任。ENSULIB 的目標不僅強調綠色建築與資源管理，同時在當今資訊泛濫且假消息盛行的環境中，鼓勵社區以更環境友善及永續的方式行動。包括改善圖書館對氣候變遷的適應能力，推動環境友善的實踐與應用，提供產業環境建議，以及推廣及增加與永續發展相關的圖書館資源與服務。透過全方位的努力，ENSULIB 期望能激勵社區，尤其是圖書館員自身，以環境永續的方式去思考與行動（Bychkova et al., 2020; Hauke, 2017）。

　　綠色圖書館的興起不僅象徵著圖書館作為知識殿堂的角色轉變，也反映出圖書館於社會與環境永續發展的重要性。過去研究致力於探討綠色圖書館如何與聯合國的 17 項永續發展目標結合，以及圖書館如何能夠啟動社區向環境永續邁進的理解。綠色圖書館不僅是一個物理空間，更是一個

意識形態與行動平台。它集合了減少能源消耗、提升再生能源利用、以及推廣環境教育等多重目標，實質地貫徹 SDGs 中關於永續城市、負責任的消費，以及氣候行動等多項目標。其次，綠色圖書館在吸引社區參與環境議題方面具有獨特的策略價值。透過多樣化的資源共享及教育活動，圖書館成為社區對話的核心場所，也成為環境永續意識的傳播者與實踐者。綠色圖書館因此在培養社區環境意識與促進公民參與方面，扮演著不可或缺的角色。據此，圖書館應重新評估館員的角色與職能，他們不僅是知識的傳播者，更是社區永續發展的促進者。透過專業訓練與持續教育，圖書館館員能夠更有效地參與綠色圖書館的實踐中，進一步推動社區朝向環境永續的方向發展。因此，綠色圖書館提供了一個多維度的平台，整合知識、資源與社群，為推動環境永續提供實質的助力。透過將這個理念與行動整合到圖書館的各個層面，將可為未來世代創造一個對生態友善與永續發展的環境。這不僅是對聯合國 SDGs 的響應，更是圖書館對人類與地球未來的深刻承諾。

　　永續社區的概念追求的不僅僅是環境的永續性，亦包括確保資訊與數據能夠被有效、公平與經濟的取用。尤其當許多社區內可能正面對著資訊取用的障礙，這不僅限制於資料的取得，更涉及到資訊解讀與應用在決策過程中的專業知識缺乏。為了解決這個問題，社區需要獲得更多的資料分析、評估與管理工具，同時也需要整合在制度架構下所累積

的專業知識。在此架構下，圖書館及其館員於推動社區永續發展中，扮演著不可或缺的角色。此外，從世界永續發展高峰會發布之文獻及國際會議中，我們可見圖書館在「包容性（inclusivity）」方面的獨特地位，其受到公眾廣泛信任，作為資訊與資源的可靠來源，從而促進社區成員間的有效資訊共享與應用。

　　有鑒於實現永續社區目標需採取多維度策略，其中包含確保資訊及數據的可及性、拓展大眾參與度，以及專業知識的整合。在此過程中，圖書館及館員不僅是資訊與資源的守門員，亦是社區永續發展與社會包容性的關鍵推手。由此觀點出發，他們的角色不限於資訊共享，更涵蓋社區資源的管理與應用，成為實現永續發展的堅實基礎。因此，21 世紀的環境策略應聚焦於生態系統的管理、減緩與經濟成長相悖的環境壓力、提高資訊透明度、提升生活品質與環境的和諧共生，以及強化全球環境治理與合作。在此策略架構下，綠色圖書館不僅是一項理念，更是實際可行的解答，象徵著在追求知識與資訊的同時，我們亦致力於環境與社會的持續進步。透過圖書館這個結合傳統與現代的社會機構，我們得以探索環境永續性與社會進步的融合之道，為未來開拓新徑。這不僅是學術研究的新趨勢，亦是全社會共同參與及奉獻的使命。

參考文獻

Antonelli, M. (2008). The green library movement: An overview and beyond. *Electronic Green Journal*, *1*(27).

Aulisio, G. J. (2013). Green libraries are more than just buildings. *Electronic Green Journal*, *1*(35).

Berkhout, F., & Hertin, J. (2001). Impacts of information and communication technologies on environmental sustainability: Speculations and evidence. *Report to the OECD, Brighton, 21*. https://www.oecd.org/science/inno/1897156.pdf

Bertolini, M. V. (2017). Libraries, development and the United Nations 2030 Agenda.

Binks, L., Braithwaite, E., Hogarth, L., Logan, A., & Wilson, S. (2014). Tomorrow's green public library. *The Australian Library Journal*, *63*(4), 301–312.

Bychkova, E. F., Klimova, M. A., & Silaeva, S. N. (2020). IFLA and Sustainable Development Goals: Reviewing the projects by IFLA Environment, Sustainability and Libraries Section. *SCIENTIFIC AND TECHNICAL LIBRARIES*, *1*, 34.

Carter, T. M., & Schmidt, G. J. (2014). Sustainability literacy and information literacy: Leveraging librarian expertise. *Focus on Educating for Sustainability: Toolkit for*

Academic Libraries, 45-59.

Charney, M. K. (2014). Academic librarians and the sustainability curriculum: Building alliances to support a paradigm shift. *Collaborative Librarianship*, 6(1), 3.

Dodds, F., & Strauss, M. (2012). *Only one Earth: The long road via Rio to sustainable development*. Routledge. https://www.taylorfrancis.com/books/mono/10.4324/9780 203107430/one-earth-maurice-strong-felix-dodds-michael-strauss

Egelston, A. (2022). The WSSD. In A. Egelston, *Worth Saving* (pp. 189–200). Springer International Publishing. https://doi.org/10.1007/978-3-031-06990-1_12

Grubb, M., Koch, M., Thomson, K., Sullivan, F., & Munson, A. (2019). *The'Earth Summit'Agreements: A Guide and Assessment: An Analysis of the Rio'92 UN Conference on Environment and Development* (Vol. 9). Routledge. https://www.google.com/books?hl=zh-TW&lr=&id=cS6O DwAAQBAJ&oi=fnd&pg=PT10&dq=1992+Rio+Decade+o f+Dialogues&ots=Tv6EOGC9cN&sig=sCjzU3jrXlIbwN_y 661S_e27Q-8

Gupta, E., Natarajan, R., Gulati, A., & Batcha, M. S. (2018). Implementation of Green Library Techniiques at CSJM University Library: A viability study. *International*

Journal of Research in Engineering, IT and Social Sciences, 8(6), 46–50.

Gupta, S. (2020). Green library: A strategic approach to environmental sustainability. *International Journal of Information Studies and Libraries*, 5(2). https://papers.ssrn.com/sol3/papers.cfm?abstract_id=3851100

Guterres, A., & Ghebreyesus, T. A. (n.d.). *Open Letter to the UN on Sustainable Development Goals*. Retrieved November 10, 2023, from https://pro-lgbt.ru/en/open-letter-to-un/

Hauke, P. (2015). How to become/How to identify a Green Library? Standards for Certification. https://library.ifla.org/id/eprint/1237/

Hauke, P. (2017). From information literacy to green literacy: Training librarians as trainers for sustainability literacy. https://library.ifla.org/id/eprint/2147/

Heselink, F., & Goldstein, W. (2000). The Role of IUCN—the World Conservation Union—In Shaping Education for Sustainability. In K. A. Wheeler & A. P. Bijur (Eds.), *Education for a Sustainable Future* (Vol. 7, pp. 123–141). Springer US. https://doi.org/10.1007/978-1-4615-4277-3_9

IFLA, I. (n.d.). IFLA 2016-2021 Strategic Plan.[online].[cited 2017.4. 24].

Keeble, B. R. (1988). The Brundtland report: 'Our common future.' *Medicine and War*, *4*(1), 17–25. https://doi.org/10.1080/07488008808408783

Khalid, A., Malik, G. F., & Mahmood, K. (2021). Sustainable development challenges in libraries: A systematic literature review (2000–2020). *The Journal of Academic Librarianship*, *47*(3), 102347.

Kosciejew, M. (2020). Public libraries and the UN 2030 Agenda for Sustainable Development. *Ifla Journal*, *46*(4), 328–346.

Kurbanoğlu, S., & Boustany, J. (2014). From Green Libraries to Green Information Literacy. In S. Kurbanoğlu, S. Špiranec, E. Grassian, D. Mizrachi, & R. Catts (Eds.), *Information Literacy. Lifelong Learning and Digital Citizenship in the 21st Century* (Vol. 492, pp. 47–58). Springer International Publishing. https://doi.org/10.1007/978-3-319-14136-7_6

Latimer, K. (2011). Collections to connections: Changing spaces and new challenges in academic library buildings. *Library Trends*, *60*(1), 112–133.

Loder, M. W. (2010). Libraries with a future: How are

academic library usage and green demands changing
building designs? *College & Research Libraries*, *71*(4),
348–360.

Mabudafhasi, R. (2002). The role of knowledge management
and information sharing in capacity building for
sustainable development—An example from South Africa.
Ocean & Coastal Management, *45*(9–10), 695–707.

Network, S. D. S. (2015). Indicators and a monitoring
framework for the Sustainable Development Goals:
Launching a data revolution for the SDGs. In *A Report to
the Secretary-General of the United Nations by the
Leadership Council of the Sustainable Development
Solutions Network*. Sustainable Development Solutions
Network Paris, France; New York, NY, USA.

Ochôa, P., & Pinto, M. L. B. G. (2020). Gathering Evidence
for Sustainable Development Goals. *Evidence Based
Library and Information Practice*, *15*(1), 164–169.

Oosterhof, P. D. (2018). Localizing the Sustainable
Development Goals to accelerate implementation of the
2030 Agenda for Sustainable Development: The current
state of Sustainable Development Goal localization in
Asia and the Pacific.
https://sdghelpdesk.unescap.org/sites/default/files/2019-11/

governance-brief-033-sdgs-implementation-2030-agenda. pdf

Pinto, L. G., & Ochôa, P. (2019). Aligning libraries' performance with Sustainable Development Goals: A methodological proposal. *World Conference on Qualitative Research*, *1*, 281–285.

Purvis, B., Mao, Y., & Robinson, D. (2019). Three pillars of sustainability: In search of conceptual origins. *Sustainability Science*, *14*(3), 681–695. https://doi.org/10.1007/s11625-018-0627-5

Sachs, J. D. (2012). From millennium development goals to sustainable development goals. *The Lancet*, *379*(9832), 2206–2211.

Sahavirta, H. (2017). Set the Wheels in Motion–Clarifying "green library" as a Goal for Action. https://library.ifla.org/id/eprint/2568/

Sarkar, D. (2020). Sustainable development as a goal: Special reference to green library. *Int. J. Res. Libr. Sci*, *6*, 182–189.

Schöpfel, J. (2018). Smart libraries. *Infrastructures*, *3*(4), 43.

Simpson, S. R. (2016). *Focus on Educating for Sustainability: Toolkit for Academic Libraries*. JSTOR. https://www.jstor.org/stable/26561653

Stilwell, C. (2011). 2.15 South Africa "Take the Vision to the

People": The Development and Transformation of Libraries and Information Services in South Africa. *Libraries in the Early 21st Century, Volume 1: An International Perspective, 1*, 293.

Stoss, F. W. (2003). Sustainable communities and the roles libraries and librarians play. *Reference & User Services Quarterly, 42*(3), 206–210.

Talbot, L. M. (1980). The world's conservation strategy. *Environmental Conservation, 7*(4), 259–268.

Tranfield, D., Denyer, D., & Smart, P. (2003). Towards a methodology for developing evidence-informed management knowledge by means of systematic review. *British Journal of Management, 14*(3), 207–222.

Turner, D. (2014). Sustainability and library management education. *Journal of Sustainability Education, 7*(12), 1–12.

Witte, J. M., Streck, C., & Benner, T. (2003). The road from Johannesburg: What future for partnerships in global environmental governance. *Progress or Peril*, 59–84.

第二章　韌　性

緒　論

　　本章旨於剖析「Resilience（常譯為韌性、復原力、衝擊回復力）」一詞在跨領域發展下的複雜性及多元性。由於韌性這個概念在不同的學科領域皆產生深遠的影響，並被廣泛採用與分析。為了更全面地理解其跨學科的價值與應用，首先本章將以心理學及生態學視角為起點進行論述，探討人類及生態系統在環境變遷與自然災害面前所展現的適應能力，這對於永續發展與環境保護具有不可或缺的重要性。

　　韌性的概念不僅深受心理學、生態學、城市研究、工程學、社會學、經濟學及管理學等多個學科的關注，也成為這些學科相互交流與合作的橋樑。因此，本篇章除了從各個學科角度出發來梳理韌性的研究脈絡及實務應用，也強調其在解決實際世界問題，例如自然災害、社會動盪及經濟不穩定等方面的重要性。多學科視角不僅可豐富我們對韌性的綜合理解，亦彰顯出跨學科研究與合作在解決當代複雜問題的重要性。本章將彙整上述多學科之研究探討，強調韌性不僅為學術界提供了寶貴的交流平台，更在實踐層面上，對於圖書館面對挑戰與衝擊時，提供解決方案。有鑒於深入瞭解韌性概念及其在各學科中的多元應用，對於促進相關研究發展

與解決社會挑戰具有極高的實用價值。本章以韌性在多個學科的研究與發展基礎，進而整理出圖書館邁向永續發展的韌性策略，萃取韌性概念與應用以發展於圖書館領域。

第一節　韌性

　　韌性概念的學術研究，可追溯至 Holling 於 1973 年對於生態系統對外部衝擊的吸收與反彈能力之界定（Holling, 1973）。然而，此一定義因其侷限於「反彈」的概念而遭受批評。韌性作為一種與環境及生態系統相關的概念，旨於解釋生態系統如何在面臨干擾及變動條件時，能持續於其原有狀態中發展。Holling 最初提出韌性概念時，是在研究生態系統內部存在的多重穩定狀態（multiple stability）或多重吸引域（multiple basins of attraction）[2]的背景下。將韌性與生態系統的多樣穩定性狀態相連結的觀念，在當時被視為一種創新且具有顛覆性的理論（Folke, 2006）。Holling 透過對生態系統動態中多重吸引域的觀察，挑戰了當時盛行的生態系統穩定平衡觀點，並進一步探討生態系統如何與隨機事件及不同時間／空間尺度的異質性相互作用。韌性在此被定義為系統中各項關係的持續性，作為衡量系統在面臨狀態

---

[2] 在動態系統中，多重穩定性與多重吸引域是可觀察到的現象，系統內共存著多個吸引子及吸引域。理解不同吸引子與吸引域之間的相互作用對於預測複雜系統的行為與穩定性極為重要。

變量、驅動變量、參數變化時，仍能持續存在的能力。

Timmerman 於 1981 年進一步擴充韌性研究的範疇，將其運用到災害及風險管理議題中（Mayunga, 2007）。此外，學者們也觀察到在社會系統中運用有限資源以實現快速從災害衝擊中回復的重要性（Berkes & Ross, 2013; Mayunga, 2007）。2008 年，Norris 等人更是將韌性由單一的物理或數學概念，轉變為一個多維度的社會結構，其中涵蓋了經濟發展、社會資本、資通訊以及社區應變能力等多個層面（Koliou et al., 2020）。值得注意的是，自 1990 年代末期起，韌性的研究逐漸從生態學轉向社會生態學，並開始集中於社區層面的探討（Mulligan et al., 2016）。其中包括人們從經驗中學習，以提高對各種衝擊及挑戰的應對能力，這不僅源於個體的心理及生理特質，更是社會及經濟結構中不可或缺的一部分（Sherrieb et al., 2010）。因此，韌性不僅是一個靜態的目標，而應該是一個基於持續學習及適應的動態過程（Fabbricatti et al., 2020）。

爾後，韌性相關議題朝向多元層次分析（multilevel analysis）發展，先前關於韌性相關議題探討多著重於個人層次，爾後的探究趨勢則包括：從細胞、神經層次探討其生化機制（Bolton et al., 2017），抑或是從關係層次探討韌性如何扎根於關係的互動連結中（Afifi et al., 2016），從家庭層次探討家庭如何作為一個展現韌性的主體（Amatea et al., 2006; Benzies & Mychasiuk, 2009; Saltzman et al., 2013;

Walsh, 2003），從社區層次探討社區作為韌性的主體（Maggi et al., 2011）。韌性理論及相關研究皆具有跨領域特性，韌性的概念被探討與運用到不同學科領域，例如心理學領域（Afifi et al., 2016; Almedom & Glandon, 2007; Maggi et al., 2011）、教育研究領域（Ghanizadeh et al., 2019）、社會科學領域（van Breda, 2011）、犯罪學領域（Ayling, 2009）、都市研究領域（Ernstson et al., 2010）、商業領域（Sheffi & Rice Jr, 2005）、生態學領域（B. Walker et al., 2004）、工程領域（Jennings et al., 2013）、資訊科學領域（Smith et al., 2011）等研究議題。

以下針對不同學科領域對於韌性（Resilience）的定義及其欲解決的問題，進行摘要整理，此表格摘要整理韌性在不同學科領域中的多面向定義及其解決的核心問題，反映出韌性概念的跨學科性及其在各領域內解決關鍵問題的重要性：

表 2-1　韌性的跨學科定義及欲解決問題

學科領域	韌性定義	欲解決的問題
生態學	生態系統在面對外部干擾時，維持其結構、功能與反應過程的能力	生態系統的破壞與退化，生物多樣性的喪失
心理學	個體面對逆境、壓力或創傷時，能夠適應且回復的心理過程	個人的心理創傷、情緒困擾及適應性問題

（續）

學科領域	韌性定義	欲解決的問題
社會學	社會系統或社區在遭受衝擊或壓力時，其社會結構、凝聚力及適應能力的恢復與強化	社會變遷、災害復原、社區瓦解及社會不平等
經濟學	經濟系統在面對外部衝擊（如金融危機）時，保持其功能、穩定和成長的能力	經濟衰退、金融危機、市場波動及就業不穩定
工程學	系統、設施或基礎設施在遇到干擾或故障時，迅速恢復正常運作的能力	基礎設施故障、技術系統中斷、自然災害的影響
環境科學	人類與自然環境在面對環境變化（如氣候變化）時，維持及恢復其生態與經濟功能的能力	氣候變化、環境污染、資源枯竭及生態退化

本研究整理

第二節　韌性在不同領域的研究與探討

一、韌性在心理學領域的探討

　　在心理學領域中，韌性意指積極地適應、或是在經歷逆境時保持或恢復心理健康的能力。韌性由來自不同學科的

研究，其中包括心理學、精神病學、社會學以及生物學，包括遺傳學、表觀遺傳學、內分泌學、神經科學。這個概念的核心在於探討人類如何在不發展出負面的身體或心理健康下承受逆境（Wald et al., 2006）。心理學者將韌性概念化為一種個人特質，進而將韌性定義為一種在單一短暫創傷後運作的個人特質（Bonanno, 2008; Klohnen, 1996）。早期關於韌性的研究集中於幫助人們生存於逆境的選擇性強項或資產，例如智力功能，其中較為開創性的研究探討集中於兒童時期的逆境。隨著時間的推移，逆境的類型擴展至在整個生命週期中調整困難或後續心理障礙相關的負面生活事件。這些事件包括不良的育兒方式、貧窮、無家可歸、創傷性事件、自然災害、暴力、戰爭與身體疾病等。後續的研究者則集中於系統（家庭、服務、團體、社區）對協助人們應對逆境的貢獻。因此，韌性的探討逐步擴展至在文化、社區、家庭及個人等多個影響層面的保護及脆弱性（Cicchetti, 2010）。關於韌性的來源，其中包括許多個人因素，例如個性特質（如開放性、外向性、和藹可親）、內在控制源、掌控感、自我效能、自尊、認知評價（對事件的正面解釋以及將逆境融入自我敘事的整合）、以及樂觀主義均可明顯地提升韌性。

　　許多心理學研究發現，智力功能、認知靈活性、社會依附、正面自我概念、情緒調節、正面情緒、靈性、積極應對、堅韌、樂觀、希望、資源豐富、適應性等與韌性有關

（Joseph & Linley, 2006）。人口統計因素（如年齡、性別、種族、民族）、社會關係及人口特徵與韌性的關聯程度則因研究方法與韌性定義的不同而有所變化。某些增強韌性的因素可能是特定於某些人生階段的，抑或是可能在整個生命週期中發生影響。在生物學及遺傳學領域對於韌性的研究發現，嚴苛的早期環境影響大腦結構、功能、神經生物學系統的發展（Luthar & Brown, 2007）。這些變化可能發生在大腦大小、神經網絡、受體的敏感度，以及神經遞質的合成與回收上（Cicchetti & Curtis, 2015）。這些大腦的生理變化可顯著加劇或減少未來心理病理的脆弱性。大腦變化以及其他生物過程可以影響調節負面情緒的能力，進而影響人類承受逆境的韌性（Curtis & Nelson, 2003）。根據過去研究發現，嬰兒及兒童時期支持性強、敏銳度高的早期照顧者可以增加韌性，減少所謂的有毒環境（toxic environments）對幼兒的影響，介入措施（intervention）在幼兒成長的敏感時期效果最佳（Gunnar & Fisher, 2006）。過去研究亦發現，母鼠增加對幼鼠的照顧，例如增加舔舐，可減少幼鼠對壓力的 HPA 反應（下視丘－腦下垂體－腎上腺之內分泌軸線，即為壓力系統之表徵）（Meaney, 2001）。在人類體內，催產素能夠抑制 HPA 軸[3]的活動。這種抑制作用可能透

---

[3] HPA 軸是神經內分泌系統的很重要的一部分，參與控制、應付許多身體的或外來的緊急狀況。HPA 軸調節許多身體活動，包括消化、內分泌、免疫系統、情緒、及能量貯存及消耗等。

過降低壓力及焦慮，進而增強人際間的信任感，從而促進更積極的社交互動（Carter, 2005）。反之，在兒童及青少年時期所接觸到的壓力事件，則會增加其情緒及焦慮障礙所帶來的脆弱性（Gladstone et al., 2004）。

二、韌性在環境及生態系統領域的探討

在過去二十五年間，對於韌性的研究急速增加，與環境相關之韌性研究的科學出版物數量從大約 250 本增加到超過 6000 本。韌性成為許多學科領域中常見的學術概念及理論視角。韌性已成為實踐、政策、商業的一部分，研究範疇從減輕貧困到政治架構及商業策略，旨於預測及應對環境中的變化與危機，其目標不僅是為了生存，同時也為了進化。在這個過程中，韌性思維（resilience thinking）與環境的關聯已逐漸形成另一種研究取徑，韌性思維的演進與社會—生態系統（social- ecological systems）緊密相連，其著眼於複雜且具適應性的社會—生態系統的持續性（persistence）、適應性（adaptability）、可轉換性（transformability）。韌性思維強調，從個人到社區、乃至於整個社會的社會—生態系統，其範疇包含從地方層面擴展至跨層次及全球規模，且皆嵌於生物圈之中。生物圈聯繫對於永續發展目標的思考是一個關鍵的觀點，旨於理解與強化社會—生態系統的韌性，並且尋找方法以有效掌握與治理社會—生態系統動態。因

此，在韌性的思考框架中，了解並管理複雜的社會—生態系統，乃是邁向永續發展的重要途徑（Folke, 2016）。

韌性被定義為在受到干擾後迅速恢復，或更廣泛地說，是恢復到原先的狀態。狹義來說，韌性則意指受到干擾後恢復至平衡狀態的速度。這些觀點通常隱含著「試圖抵抗變化並控制以維持穩定」。然而，韌性思維所採用的方法則更為豐富與深入，它不僅涉及複雜的適應性系統動態與真正的不確定性，還包括學習如何與變化共存並從中受益。根據過去研究，韌性意指面對變化時持續存在的能力，抑或是能夠在不斷變化的環境中持續發展。韌性思維關注在漸進變化時期如何與突發變化進行互動，以及人們、社區、社會、文化在動態變化面前適應甚至轉型為新興途徑的能力。在韌性思維中，適應（adaptation）意指在當前途徑上維持發展的人類行為，而轉型（transformation）則是關於將發展轉移至其他新興途徑上、甚至創建新途徑（Folke, 2016）。其中，特意規劃的轉型（Deliberate transformation）涉及兩個主要步驟：首先是打破舊有的、特定於原狀態的韌性；其次是建立新的、適應新狀態的韌性（Folke et al., 2010）。特定韌性（specified resilience）關注的是針對什麼樣衝擊所帶來的韌性（S. Carpenter et al., 2001），以及為了誰而建構的韌性（Brown, 2014; Lebel et al., 2006; Robards et al., 2011）。通用韌性（general resilience）則是針對未知與不可知的（Kates & Clark, 1996; Peterson et al., 2003; Polasky

et al., 2011），用於應對複雜性、不確定性及突發事件
（Biggs et al., 2012; S. R. Carpenter et al., 2012; B. H.
Walker et al., 2009）。通用韌性提供轉型的記憶、靈活性、
選擇及創新來源，有助於將危機轉化為機遇（Gunderson &
Holling, 2002; Nykvist & Von Heland, 2014）。

　　承上述，韌性反映了人們、社區、社會及文化在不斷
變化的環境中生活與發展的能力。韌性旨於培養「在變化面
前維持發展的能力」，無論是漸進的或激進式的、預期的或
意外的（Folke, 2006）。韌性的理念強調治理社會－生態系
統時，應著重於提升其靈活性以及應對新興挑戰的能力，而
不僅僅是維持現有的穩定性。轉型能力（Transformability）
被定義為在生態、經濟或社會結構使現有系統難以維持的情
況下創建全新系統的能力。其意指擁有跨越臨界值並將社
會－生態系統引入新的吸引域，進入新興且未知發展軌跡的
能力。這種轉型能力依靠的不僅是轉型系統本身的韌性，還
包括來自其他層次與規模的韌性來源。在危機情境下，可以
為這種轉型創造空間，開闢新思維及操作方法的途徑。在這
個過程中，可以透過振興及重組經驗來催生創新，從而幫助
識別及導引新的轉型機會（Folke et al., 2010; B. Walker et
al., 2004）。據此，轉型能力及轉型軌跡（transformation
trajectories）成為受到關注的議題（Chapin et al., 2010;
Geels & Kemp, 2006; Leach et al., 2012; Loorbach, 2007;
O'Brien, 2012; Olsson et al., 2014; Westley et al., 2011）。

有一些學者將轉型視為社會崩潰的後果，而另一些學者則認為積極進行轉型的能力是保持社會—生態系統長期運作的基本特質（Feola, 2015）。轉型過程通常被不連續性、存在臨界值或轉折點的特點所定義，而且這個過程往往不是平穩進行的。

　　美國環境保護署（The U.S. Environmental Protection Agency, EPA）的研究與開發辦公室（Office of Research and Development）現正採用環境進步的系統觀點（systems view）。根據美國環境保護署的看法，系統觀點可用來指引科技、決策支持工具、協作決策的研究優先順序，進而促使有效邁向永續發展目標之行動。其所草擬的永續研究策略基於系統觀點提出了一個新的科學框架，以更系統及全面的方式進行環境保護，其中包含考慮環境問題的複雜性與未來世代的福祉。EPA 已經充分意識到，欲設計出一個永續發展系統，將面臨以下重要挑戰（Fiksel, 2006）：

- 跨越時間與空間處理多個尺度。
- 捕捉系統動態及槓桿或控制點。
- 表達適當的複雜性水準。
- 管理變異性及不確定性。
- 在各種領域獲致利害關係人的觀點。
- 理解與系統韌性相關的預期及無法預期的壓力。

三、韌性在區域經濟議題的探討

　　過去學者對韌性的定義隨著在不同學科領域的發展而產生不同的應用與討論。過往諸多研究關注於生態韌性（Ecological Resilience）與工程韌性（Engineering Resilience）之相關議題，多著重於探討「系統如何回復到衝擊前的均衡狀態與其調適衝擊之速度」（Adger, 2000; Aquilué et al., 2020; Holling, 1996; Lengnick-Hall & Beck, 2016; Park et al., 2013）。當韌性概念應用至區域與地方經濟發展時，演化經濟學家則認為經濟永遠不可能達到均衡狀態（Metcalfe & Ramlogan, 2006），經濟發展可能會受到各種課題，例如階段性經濟衰退、無預期的競爭者崛起、無預警廠商關閉，以及來自科技創新的各項挑戰等，進而影響區域結構變遷。其中，Simmie and Martin（2010）將區域經濟韌性與調適力（adaptation）連結，並且透過演化觀點來進行分析，將區域韌性（Regional Resilience）定義為系統面臨衝擊時，將干擾最小化，並能繼續維持其功能、特性或轉型的再組織能力（Simmie & Martin, 2010）。

　　發展至此，韌性意指一個組織、地區或系統能夠適應並且回應災害所帶來的衝擊，以期避免潛在損失的內在能力與適應性反應。有鑑於自然與人為災害對區域經濟產生重大影響，過去研究發現個別企業與區域市場所具備之韌性可減弱災害所帶來的衝擊。Folke 等人於 2002 年提出，人類與

生態因素是社會生態系統中的重要組成，因此學習與適應能力在構成韌性的過程中扮演關鍵地位。基於此觀點，韌性不僅意指抵禦及吸收系統性衝擊且快速恢復的能力，同時亦應具備適應未來衝擊與脆弱性的能力（Folke et al., 2002）。學者亦透過災害影響分析模型，用以捕捉供應中斷的複雜性及其經濟後果，為災害影響分析領域做出了貢獻。透過納入韌性的概念並完善建立模型及方法，以提供更可靠的洞察力，進一步了解災害對區域經濟的影響，並支持有效的政策應對措施。例如 Bruneau 等人（2003）在借鑒先前工程與社會的相關研究基礎上，進而提出了一個整合型概念，用以聚焦於社會系統中的韌性。除此之外，Bruneau 等人（2003）強調環境建構的重要性，並主張具有韌性的系統能夠抵禦危險、迅速恢復並同時進行環境適應與系統性學習，因此可加快系統適應與恢復的過程，以應對未來的衝擊。Bruneau 等人（2003）在每個情境中區分出兩種類型的韌性：固有的韌性（Inherent）意指在正常情況下的能力（例如，個別企業能夠替代被外部衝擊削減的其他投入，或市場能夠在價格訊號的回應下重新配置資源）。適應韌性（Adaptive）則是指在危機情況下，由於獨創性（Ingenuity）或額外投入所展現出的能力（例如，增加投入替代可能性，或透過提供資訊來強化市場表現，以期使供應商與需求方更能夠協調合作）。Bruneau 等人（2003）透過進一步優化對重要輸入物品的供應鏈中斷所發展出的可計算一般均衡模型（Computable

General Equilibrium, CGE），該模型奠基於明確的個別企業及區域宏觀經濟韌性的操作型定義，開發用於校準生產函數之模擬數據的演算法，模擬對輸入短缺與變動市場條件的行為反應，用以分析大地震後美國波特蘭都會區供水系統中斷對區域經濟的影響（Bruneau et al., 2003）。Rose 與 Liao（2005）則進一步將此概念擴展至兩個面向：一、區域經濟系統中所固有的內在韌性，即以靈活因素（例如勞動力）替代受到衝擊損失的基礎建設，以期最大限度地減少對區域經濟的影響。二、快速實施經濟性適應韌性政策，例如向市場提供充足資訊，用以協調關鍵供應商與需求者之間的商品及服務（Rose & Liao, 2005）。

韌性在許多學科中被視為複雜動態系統的一項關鍵特性，韌性可被定義為系統在保持其結構與功能的同時，對干擾的容忍能力（Fiksel，2003）。因此，在商業環境中，我們將企業的韌性或韌性定義為企業在動盪變化中生存、適應及成長的能力。企業需要成長，正如自然生物一樣，而在商業世界中，靜態、無成長的企業概念則是不切實際的。真正的挑戰，正如杜邦與通用汽車所發現的，是在不增加物質吞吐量（throughput）的情況下增加股東價值。面對動態且不可預測的商業環境，管理學者逐漸體認到強化韌性的必要性（Hamel & Valikangas，2003）。

四、韌性在工程領域的探討

　　韌性被廣泛定義為系統對於突發干擾的反應及恢復能力，這種干擾可能導致系統失效，而韌性則可促使系統迅速回復至正常運行，同時確保性能損耗保持在最低限度（Fairbanks et al., 2014）。韌性工程學（Resilience Engineering, RE）也應運而生，其宗旨在於賦予系統面對外部與內部干擾的能力（Hollnagel, 2017; Woods, 2017）。工程領域的學者們將韌性定義為系統對干擾的恢復力，而生態韌性的研究則強調系統的適應性及其轉化至新平衡狀態的能力（S. Carpenter et al., 2001）。一個具韌性的系統，無論是生物還是社會經濟實體，均能在面對不確定性與非預期變化的情境下，保持生存、適應、成長。因此，無論是人類還是其他生命系統的永續發展，其關鍵在於韌性的建構與強化。在進行綠色工程設計，無論是產品抑或是流程，建構具有韌性的系統至關重要，透過強化系統的多樣性、效率、適應性、凝聚力等基本特性，以降低或消除潛在的不良影響（Anastas & Zimmerman, 2018）。

　　2004 年在瑞典舉辦的第一屆韌性工程應用研討會，是首次嘗試為韌性工程建立初步的共識，並藉此界定此一領域的研究範疇。研討會上探討了四個主題：一是目前基於因果關係及分解事故分析方法的局限性，以及韌性工程在預防事故方面可能帶來的好處（Amalberti, 2017; Leveson et al.,

2017）；二是偵測組織偏離的困難，以及對感知與實際韌性的不同理解；三是偵測系統失敗與偏離是韌性工程的一個重要職能；四是對潛在韌性需求的探討（Dekker, 2017）。

韌性工程是一種專注於安全管理的典範，其旨於使系統在處理複雜性的同時，仍能平衡生產力與安全。韌性工程的目標乃是為了提供工具來積極管理風險，這是基於系統功能的固有複雜性以及對性能變異的需求。將這種觀點應用於當前社會技術系統的風險相關需求時，其重要性變得尤為突出。在這些系統中，安全不是一個恆定的特性，而是一個持續變化的功能，源自其組成部分的互動特性及活動。因此，安全與系統的整體性能有關，需要關注整體系統及所有代理人（agents）之間的連接與互動（Bakx & Nyce, 2017）。社會技術系統的風險與安全管理不應僅僅限於追蹤及分析角色及其變量（Pava, 1986）。因此，韌性工程利用對複雜系統失敗的洞察，包括對風險的組織歸因及影響人類的因素，提供系統工程及工具來積極管理風險（Woods, 2003）。

韌性工程研究的核心目標，在於為組織提出如何適時降低生產壓力以減緩風險的決策指導。然而，生產壓力與風險之間的平衡常常是隱性的，這一點並未得到廣泛的認知。透過對挪威航空運輸系統（Tjørhom & Aase, 2017）、空中交通管理（Joyekurun, 2007）、2009 年哈德遜河事故（Paries, 2017）以及鐵路系統的案例分析（Wilson et al., 2009），可觀察到即便這些分析考量到不同的抽象層面

（Cedergren, 2013），仍須從多元建模視角進行深入的概念性探討，以便更全面理解實際操作中的權衡效應。這些案例分析凸顯出在實際應用韌性工程概念時，必須兼顧不同層面的考量，並從多元化的模型視角出發，以揭示並理解生產壓力與風險之間複雜的交互作用。

韌性不僅僅涉及適應的能力（Woods & Branlat, 2017），韌性的關鍵在於其穩定性或變化的適當性，以符合環境要求，這需要規劃、提升或適應變化的能耐，以滿足環境的當前及未來需求（Sundström & Hollnagel, 2017）。此外，韌性還包括緊急或不尋常情況結束後恢復正常運作的能力，並能在不同韌性狀態之間轉換（Hollnagel & Sundström, 2017）。韌性概念亦將堅韌性、冗餘性、資源利用能力以及快速反應能力定義為技術、組織、社會、經濟等不同維度下的必要特性（Birkland & Waterman, 2016）。然而，邊界／容忍度（margin/tolerance）及靈活性／剛性（flexibility/stiffness）亦是重要的韌性因素，可以用於定義提升韌性的指標，包括傳輸能力、網絡穩定性、資源利用等。協調、交叉檢查、在班次交接過程中的資訊交流等（Nyssen, 2017; Patterson et al., 2007）（Carvalho et al., 2012），在及時應對意外事件、減少認知過載及建構增強系統韌性的共同認知基礎方面扮演著關鍵角色（Carvalho et al., 2012）。在社會韌性的研究方面，如何從「準備狀態（state of preparedness）」轉向「韌性狀態（state of resilience）」則為一重要議題，其中不僅包括應對緊急情況或災害的能力，同時涉及預期、維護、適應活動的探討（Hémond & Robert, 2012）。準備意指在事件發生之前所採取的主動措施以確保準備就緒，而韌性則聚焦於適應與從中斷中恢復的能力。從準備邁向韌性的轉變需要一個全面的視角與方法，並且考慮各種因素。Khan 等人（2018）的研究強調了從定義支持韌性的活動到衡量準備狀態轉變的重要性。轉向韌性不僅涉及規劃與準備，還涉及評估以及提升韌性水平的能力（Khan et al., 2018）。McNeill 等人（2018）則指出，個人經驗影響準備水平，欲建立韌性則須將學習經驗納入準備策略中（McNeill et al., 2018）。此外，Arsenault 等人（2022）探討在 COVID-19 大流行期間醫療保健系統的韌性，並且強調在面對意外造成系統中斷時，重新思考準備與反應策略的重要性（Arsenault et al., 2022）。Labarda 等人（2017）評估災後醫院的韌性，並且指出評估各個領域的準備狀態對於增強韌性極為重要（Labarda et al., 2017）。

第三節　圖書館邁向永續發展的韌性策略

圖書館在推動永續發展的過程中所扮演的角色極為關鍵，其韌性策略不僅有利於圖書館本身的持續運作，亦對於

促進社區的韌性與永續發展發揮著重要功能。承前述韌性概念的發展與應用，圖書館可透過以下幾項韌性策略，致力於實現永續發展目標：

圖書館韌性策略一：資源共享與循環利用

透過數位化資源以及共享經濟模式，減少實體資源的消耗，推動資源的有效循環利用，從而降低對環境的影響。在當代圖書館實踐中，「資源共享與循環利用」的韌性策略被廣泛採納，以促進永續發展。以數位資源的擴展與共享為例，圖書館積極推動數位轉型，將紙質資源轉化為數位格式，包括電子書、線上期刊、資料庫等。例如，公共圖書館透過建立數位資源中心，提供廣泛的電子書與電子期刊，使讀者能夠透過網路隨時隨地造訪及取用資源。這不僅方便讀者的學習與研究，也大幅降低紙質資源的消耗，進而減少對環境的影響。關於共享經濟模式的實施，圖書館可透過建立與其他圖書館的合作網絡，實施資源共享計劃。例如，透過地區性或全國性的圖書館聯盟，圖書館間共享彼此的藏書與資源，讓一本書或一項資源能夠服務於更多的讀者。此外，一些圖書館還推出了「物品共享服務」，包括工具、遊戲、樂器等非傳統圖書館資源的借閱，這種創新服務不僅豐富圖書館的功能，同時也體現出循環經濟的理念。

關於循環利用與二手資源，圖書館積極參與或舉辦二

手書交換、捐贈活動，鼓勵讀者捐贈不再需要的書籍，並將這些書籍提供給需要的人。此舉不僅延長資源的使用壽命，亦可促進社區成員間的互助與分享精神。同時，這些活動也有助於減少廢棄物，進而支持環境的永續。透過前述韌性策略的實施，圖書館不僅能夠提升自身服務的永續性，也能夠為社會環境保護作出貢獻，展現出圖書館在推動社會永續發展中的重要功能。圖書館透過創新與合作，能夠有效地實現資源的最大化利用，並為建設更加韌性與永續發展的社會作出積極貢獻。

圖書館韌性策略二：綠色建築與環境設計

圖書館作為公共服務機構，在推動永續發展的進程中扮演著不可或缺的角色。透過採用綠色建築與環境設計的策略，圖書館不僅可展現出對環境保護的承諾，也為社區提供綠色學習與交流的空間。在節能材料應用方面，圖書館在建設過程中可透過廣泛採用節能材料，如環保型建築材料、低碳排放的建築元件等，以此來降低建築本身的能源需求與碳足跡。例如，使用高效能隔熱材料減少冷暖氣系統的能耗，或採用回收材料減少對自然資源的消耗。此外，在綠化空間的創建方面，圖書館可在其建築設計中融入大量的綠化空間，包括屋頂花園、室內植物牆等，以增強生物多樣性，提供自然的冷卻效果，並創造舒適宜人的閱讀與學習環境。這

些綠化空間不僅可美化圖書館的環境，也有助於吸收二氧化碳，提供新鮮空氣。在自然採光的利用面向，許多圖書館的建築設計中，大量採用了自然採光的設計理念，透過設置大面積的窗戶與天窗，最大化自然光的引入，減少人工照明的需求，從而降低能源消耗。同時，自然採光也為讀者提供更加健康舒適的閱讀環境。圖書館亦可採用多項節能設施，如 LED 照明系統、節水裝置、以及智能溫控系統等，進一步減少能源與水資源的消耗。透過這些環保設計與節能設施，圖書館可有效降低營運成本，同時也為環境保護做出貢獻。透過前述綠色建築與環境設計策略，圖書館不僅可提升自身的環境永續性，亦可成為社區永續發展的典範。這些韌性策略亦可用來說明圖書館如何透過創新的設計與技術，實現環境保護與社會服務的雙重目標，為推動社會整體的永續發展貢獻力量。

圖書館韌性策略三：社區參與及教育

圖書館作為知識與文化的樞紐，其在社區參與及教育方面的韌性策略，對於塑造社區成員的環保意識與永續發展觀念可發揮重要的影響力。以下說明圖書館如何透過教育活動，促進社區參與及永續發展。一、在教育活動的設計與實施方面，圖書館可透過定期舉辦與環境保護與永續發展相關的教育活動，如環保主題講座、工作坊、展覽、社區清潔活

動等。這些活動旨於提升民眾特別是兒童及青少年對於環境問題的認識，並鼓勵他們採取實際行動以保護環境。二、在社區參與的鼓勵與促進方面，圖書館可積極鼓勵社區成員參與環境保護活動，並提供相關的資源與支持。透過組織志願者活動、社區園藝計劃或環境保護項目，圖書館不僅可加強社區內的凝聚力，同時也讓社區成員直接參與永續發展的實踐。這種參與不僅提升個人對環保的責任感，亦可促進社區層面的永續發展行動。三、在多元化資源的提供面向，為了支援社區教育及參與，圖書館提供豐富多元的環保以及永續發展資源，包括書籍、電子資源、教學套件、互動展示等。這些資源不僅為社區成員提供學習與研究的工具，同時亦可激發他們對環境議題的興趣及探索。四、在跨領域合作與網路建設方面，圖書館可透過與學校、環保組織、政府部門以及其他社區團體的合作，共同推動環境教育及社區參與計劃。這種跨領域的合作不僅可擴大教育活動的影響範圍，亦可建立支持永續發展的社區網絡。綜上所述，圖書館透過組織與環境保護及永續發展相關的教育活動，不僅可豐富社區的文化生活，亦可提升社區成員的環保意識及參與度。這些活動與資源的提供，為社區成員提供實踐永續發展的機會與平台，從而促進社區整體的永續發展。圖書館在這個過程中發揮著不可或缺的角色，展現出在促進社區韌性以及永續發展方面的重要貢獻。

圖書館韌性策略四：資訊與知識的普及

　　圖書館作為知識與資訊的重要傳播中心，其在資訊與知識普及方面的韌性策略，對於提升民眾對永續發展議題的認知與理解具有關鍵性作用。其中包括資源與資訊的多元化，圖書館透過積極蒐集與整理與永續發展相關的各類資源，包括書籍、期刊、報告、資料庫等，並以數位化方式，使這些資源能夠更易於民眾存取。例如建立了一個專門的永續發展資源中心，集結從氣候變遷、生物多樣性保護到綠色能源等多方面的資料，為研究者、學生及一般民眾提供全面的資訊支持。在教育與培訓活動方面，圖書館可透過定期舉辦與永續發展相關的講座、研討會以及工作坊，邀請專家學者與實務工作者分享知識與經驗，提高公眾對於永續發展重要性的認識與理解。這些活動不僅可增加社區成員對永續發展議題的興趣，也為他們提供了實踐永續生活方式的知識與技能。在數位平台與線上資源方面，為了擴大永續發展資訊的影響範圍，許多圖書館利用網站、社交媒體以及其他數位平台定期發布與永續發展相關的新聞、研究成果及教育資源。這不僅使得資訊更容易被廣泛傳播，也便利一般民眾隨時隨地獲取最新資訊。在跨界合作方面，圖書館可透過與學校、非政府組織、政府機構以及私營部門等多個領域的組織合作，共同開展永續發展項目及活動。這種跨界合作不僅可豐富圖書館的資源及服務，亦可強化永續發展議題在社區中的影響力。透過上述韌性策略的實施，圖書館不僅在普及永

續發展相關知識與資訊方面發揮關鍵作用，也可為促進社會整體的永續發展貢獻力量。這些策略的成功實施，有賴於圖書館對資訊資源的持續整合與更新，以及對一般民眾教育及參與機會的積極提供。圖書館透過這樣的努力，不僅可增強了自身的服務能力，也將在推動社會朝向更加永續與環保的方向發展中發揮重要作用。

圖書館韌性策略五：災害應對與風險管理

在圖書館管理領域，面對災害應對與風險管理，建立韌性策略是非常必要的。韌性策略不僅涉及災前準備，還包括災害中應對與災後恢復，旨於保障圖書館服務的連續性與穩定性，即使在面臨自然災害或其他突發事件時也能維持其基本運作。首先，建立完善的應急計劃是韌性策略的基石。應急計劃應包含風險評估、資源盤點、關鍵業務辨識、應急準備、災後恢復策略等多個環節。風險評估階段需識別圖書館可能面臨的各類風險（如地震、水災、火災等），並評估其對圖書館營運的潛在影響。資源盤點則是確定在災害發生時可供調用的人力與物資資源。此外，辨識關鍵業務是梳理圖書館營運中不可或缺的核心服務，確保即使在受限條件下亦能優先恢復這些關鍵服務。應急準備包括制定緊急聯繫機制、訓練員工處理突發事件的能力、以及建立與地方政府和救援機構的合作機制。最後，災後恢復策略則聚焦於快速恢

復圖書館服務以及資源的完整性。這可能涉及臨時替代方案的設立，例如在修復期間提供行動圖書館服務或運用數位化資源保持服務的連續性。整體而言，一個完善的應急計劃與災害應對機制，必須是動態的且能夠根據新的風險評估與經驗反饋不斷更新及調整。透過這些策略的實施，圖書館能夠增強其對災害的應對能力，以確保在面對不可預見的挑戰時，仍能持續提供關鍵的資訊服務與支持。

　　以下進一步整理前述圖書館韌性策略之效益，表 2-2 綜整圖書館韌性策略的效益及其對社會、環境及知識共享等方面的正面影響，可凸顯出這些策略在推動永續發展方面的重要性及多面向價值。

表 2-2　圖書館發展韌性策略之效益

策略效益	詳細說明
提升環境永續性	透過綠色建築與資源循環利用的實踐，有效降低對環境的負擔，進而達到生態保護及環境永續的目標。
增強社區凝聚力	透過強化社區參與及舉辦教育活動，不僅增進社區成員間的相互理解與連結，亦可促進相互支持與協作的社區文化。
促進知識共享與創新	提供多元化的資源與平台，促使知識的自由流通與交流，激發創新思維，為解決當前及未來永續發展面臨的挑戰提供創新解決方案。

（續）

策略效益	詳細說明
強化災後恢復能力	透過建立有效的風險管理與應急準備機制，提高圖書館及其服務在遭遇災害時的韌性，確保能夠在短時間內恢復至正常運作狀態。
支持永續發展教育	向社區各年齡層提供關於永續發展的教育與學習資源，培養具備環境責任感和遠見的公民與領導者，為實現永續發展目標奠定基礎。

本研究整理

　　圖書館透過這些韌性策略的實施，不僅可強化自身在面對各種挑戰時的韌性，也為社區的永續發展提供堅實的支持。然而，這些策略的成功實施與效益的最大化，仰賴於圖書館與政府、教育機構以及社區成員間的緊密合作及不懈努力。透過多方協作，圖書館不僅能夠提升自身的永續性，還能夠有效推動社區乃至整體國家社會的永續發展。

參考文獻

Adger, W. N. (2000). Social and ecological resilience: Are they related? *Progress in Human Geography*, *24*(3), 347–364.

Afifi, T. D., Merrill, A. F., & Davis, S. (2016). The theory of resilience and relational load. *Personal Relationships*, *23*(4), 663–683.

Almedom, A. M., & Glandon, D. (2007). Resilience is not the absence of PTSD any more than health is the absence of disease. *Journal of Loss and Trauma*, *12*(2), 127–143.

Amalberti, R. (2017). Optimum system safety and optimum system resilience: Agonistic or antagonistic concepts? In *Resilience Engineering* (pp. 253–271). CRC Press. https://www.taylorfrancis.com/chapters/edit/10.1201/9781315605685-22/optimum-system-safety-optimum-system-resilience-agonistic-antagonistic-concepts-ren%C3%A9-amalberti

Amatea, E. S., Smith-Adcock, S., & Villares, E. (2006). From family deficit to family strength: Viewing families' contributions to children's learning from a family resilience perspective. *Professional School Counseling*, 177–189.

Anastas, P. T., & Zimmerman, J. B. (2018). The United Nations sustainability goals: How can sustainable chemistry contribute? *Current Opinion in Green and Sustainable Chemistry, 13*, 150–153.

Aquilué, N., Filotas, É., Craven, D., Fortin, M.-J., Brotons, L., & Messier, C. (2020). Evaluating forest resilience to global threats using functional response traits and network properties. *Ecological Applications, 30*(5), e02095.

Arsenault, C., Gage, A., Kim, M. K., Kapoor, N. R., Akweongo, P., Amponsah, F., Aryal, A., Asai, D., Awoonor-Williams, J. K., & Ayele, W. (2022). COVID-19 and resilience of healthcare systems in ten countries. *Nature Medicine, 28*(6), 1314–1324.

Ayling, J. (2009). Criminal organizations and resilience. *International Journal of Law, Crime and Justice, 37*(4), 182–196.

Bakx, G. C. H., & Nyce, J. M. (2017). Risk and safety in large-scale socio-technological (military) systems: A literature review. *Journal of Risk Research, 20*(4), 463–481. https://doi.org/10.1080/13669877.2015.1071867

Benzies, K., & Mychasiuk, R. (2009). Fostering family resiliency: A review of the key protective factors. *Child

& Family Social Work, *14*(1), 103–114.

Berkes, F., & Ross, H. (2013). Community resilience: Toward an integrated approach. *Society & Natural Resources*, *26*(1), 5–20.

Biggs, R., Schlüter, M., Biggs, D., Bohensky, E. L., BurnSilver, S., Cundill, G., Dakos, V., Daw, T. M., Evans, L. S., Kotschy, K., Leitch, A. M., Meek, C., Quinlan, A., Raudsepp-Hearne, C., Robards, M. D., Schoon, M. L., Schultz, L., & West, P. C. (2012). Toward Principles for Enhancing the Resilience of Ecosystem Services. *Annual Review of Environment and Resources*, *37*(1), 421–448. https://doi.org/10.1146/annurev-environ-051211-123836

Birkland, T. A., & Waterman, S. (2016). The politics and policy challenges of disaster resilience. *Resilience Engineering Perspectives, Volume 2*, 37–60.

Bolton, K. W., Hall, J. C., Blundo, R., & Lehmann, P. (2017). The role of resilience and resilience theory in solution-focused practice. *Journal of Systemic Therapies*, *36*(3), 1–15.

Bonanno, G. A. (2008). Loss, trauma, and human resilience: Have we underestimated the human capacity to thrive after extremely aversive events?

https://psycnet.apa.org/journals/tra/S/1/101/

Brown, K. (2014). Global environmental change I: A social turn for resilience? *Progress in Human Geography*, *38*(1), 107–117. https://doi.org/10.1177/0309132513498837

Bruneau, M., Chang, S. E., Eguchi, R. T., Lee, G. C., O'Rourke, T. D., Reinhorn, A. M., Shinozuka, M., Tierney, K., Wallace, W. A., & Von Winterfeldt, D. (2003). A framework to quantitatively assess and enhance the seismic resilience of communities. *Earthquake Spectra*, *19*(4), 733–752.

Carpenter, S. R., Arrow, K. J., Barrett, S., Biggs, R., Brock, W. A., Crépin, A.-S., Engström, G., Folke, C., Hughes, T. P., & Kautsky, N. (2012). General resilience to cope with extreme events. *Sustainability*, *4*(12), 3248–3259.

Carpenter, S., Walker, B., Anderies, J. M., & Abel, N. (2001). From Metaphor to Measurement: Resilience of What to What? *Ecosystems*, *4*(8), 765–781. https://doi.org/10.1007/s10021-001-0045-9

Carter, C. S. (2005). The chemistry of child neglect: Do oxytocin and vasopressin mediate the effects of early experience? *Proceedings of the National Academy of Sciences*, *102*(51), 18247–18248. https://doi.org/10.1073/pnas.0509376102

Carvalho, P. V. R. D., Benchekroun, T., & Gomes, J. O. (2012). Analysis of information exchange activities to actualize and validate situation awareness during shift changeovers in nuclear power plants. *Human Factors and Ergonomics in Manufacturing & Service Industries*, *22*(2), 130–144. https://doi.org/10.1002/hfm.20201

Cedergren, A. (2013). Designing resilient infrastructure systems: A case study of decision-making challenges in railway tunnel projects. *Journal of Risk Research*, *16*(5), 563–582. https://doi.org/10.1080/13669877.2012.726241

Chapin, F. S., Carpenter, S. R., Kofinas, G. P., Folke, C., Abel, N., Clark, W. C., Olsson, P., Smith, D. M. S., Walker, B., & Young, O. R. (2010). Ecosystem stewardship: Sustainability strategies for a rapidly changing planet. *Trends in Ecology & Evolution*, *25*(4), 241–249.

Cicchetti, D. (2010). Resilience under conditions of extreme stress: A multilevel perspective. *World Psychiatry*, *9*(3), 145.

Cicchetti, D., & Curtis, W. J. (2015). The Developing Brain and Neural Plasticity: Implications for Normality, Psychopathology,and Resilience. In D. Cicchetti & D. J. Cohen (Eds.), *Developmental Psychopathology* (1st ed., pp. 1–64). Wiley.

https://doi.org/10.1002/9780470939390.ch1

Curtis, W. J., & Nelson, C. A. (2003). Toward building a better brain: Neurobehavioral outcomes, mechanisms, and processes of environmental enrichment. *Resilience and Vulnerability: Adaptation in the Context of Childhood Adversities*, 463–488.

Dekker, S. (2017). Resilience engineering: Chronicling the emergence of confused consensus. In *Resilience engineering* (pp. 77–92). CRC Press. https://www.taylorfrancis.com/chapters/edit/10.1201/978 1315605685-11/resilience-engineering-chronicling-emerg ence-confused-consensus-sidney-dekker

Ernstson, H., Van der Leeuw, S. E., Redman, C. L., Meffert, D. J., Davis, G., Alfsen, C., & Elmqvist, T. (2010). Urban transitions: On urban resilience and human-dominated ecosystems. *Ambio*, *39*(8), 531–545.

Fabbricatti, K., Boissenin, L., & Citoni, M. (2020). Heritage Community Resilience: Towards new approaches for urban resilience and sustainability. *City, Territory and Architecture*, *7*(1), 17.

Fairbanks, R. J., Wears, R. L., Woods, D. D., Hollnagel, E., Plsek, P., & Cook, R. I. (2014). Resilience and resilience engineering in health care. *Joint Commission Journal on Quality and Patient Safety, 40*(8), 376–383.

Feola, G. (2015). Societal transformation in response to global environmental change: A review of emerging concepts. *Ambio, 44*(5), 376–390. https://doi.org/10.1007/s13280-014-0582-z

Fiksel, J. (2006). Sustainability and resilience: Toward a systems approach. *Sustainability: Science, Practice and Policy, 2*(2), 14–21.

Folke, C. (2006). Resilience: The emergence of a perspective for social–ecological systems analyses. *Global Environmental Change, 16*(3), 253–267.

Folke, C. (2016). Resilience (republished). *Ecology and Society, 21*(4).

Folke, C., Carpenter, S., Elmqvist, T., Gunderson, L., Holling, C. S., & Walker, B. (2002). Resilience and sustainable development: Building adaptive capacity in a world of transformations. *AMBIO: A Journal of the Human Environment, 31*(5), 437–440.

Folke, C., Carpenter, S. R., Walker, B., Scheffer, M., Chapin, T., & Rockström, J. (2010). Resilience thinking: Integrating resilience, adaptability and transformability. *Ecology and Society, 15*(4).

Geels, F. W., & Kemp, R. (2006). Transitions, transformations and reproduction: Dynamics in socio-technical systems. In *Flexibility and stability in the innovating economy* (pp. 227–256). Oxford University Press. https://research.tue.nl/en/publications/transitions-transformations-and-reproduction-dynamics-in-socio-te

Ghanizadeh, A., Makiabadi, H., & Navokhi, S. A. (2019). Relating EFL university students' mindfulness and resilience to self-fulfilment and motivation in learning. *Issues in Educational Research*, *29*(3), 695–714.

Gladstone, G. L., Parker, G. B., Mitchell, P. B., Malhi, G. S., Wilhelm, K., & Austin, M.-P. (2004). Implications of Childhood Trauma for Depressed Women: An Analysis of Pathways From Childhood Sexual Abuse to Deliberate Self-Harm and Revictimization. *American Journal of Psychiatry*, *161*(8), 1417–1425. https://doi.org/10.1176/appi.ajp.161.8.1417

Gunderson, L. H., & Holling, C. S. (2002). Panarchy: Understanding transformations in human and natural systems. Island press.

Gunnar, M. R., & Fisher, P. A. (2006). Bringing basic research on early experience and stress neurobiology to bear on preventive interventions for neglected and maltreated children. *Development and Psychopathology,* *18*(3), 651–677.

Hémond, Y., & Robert, B. (2012). Preparedness: The state of the art and future prospects. *Disaster Prevention and Management: An International Journal, 21*(4), 404–417.

Holling, C. S. (1973). Resilience and stability of ecological systems. *Annual Review of Ecology and Systematics, 4*(1), 1–23.

Holling, C. S. (1996). Engineering resilience versus ecological resilience. *Engineering within Ecological Constraints, 31*(1996), 32.

Hollnagel, E. (2017). Resilience–the challenge of the unstable. In *Resilience engineering* (pp. 9–17). CRC Press. https://www.taylorfrancis.com/chapters/edit/10.1201/9781 315605685-2/resilience-challenge-unstable-erik-hollnagel

Hollnagel, E., & Sundström, G. (2017). States of resilience. In *Resilience engineering* (pp. 339–346). CRC Press. https://www.taylorfrancis.com/chapters/edit/10.1201/978 1315605685-29/states-resilience-erik-hollnagel-gunilla-s undstr%C3%B6m

Jennings, B. J., Vugrin, E. D., & Belasich, D. K. (2013). Resilience certification for commercial buildings: A

study of stakeholder perspectives. *Environment Systems and Decisions, 33*(2), 184–194.

Joseph, S., & Linley, P. A. (2006). Growth following adversity: Theoretical perspectives and implications for clinical practice. *Clinical Psychology Review, 26*(8), 1041–1053.

Joyekurun, R. (2007). Weather hazards in ATM: Designing for resilient operations. *Proceedings of the 14th European Conference on Cognitive Ergonomics: Invent! Explore!,* 285–288. https://doi.org/10.1145/1362550.1362610

Kates, R. W., & Clark, W. C. (1996). Environmental Surprise: Expecting the Unexpected? *Environment: Science and Policy for Sustainable Development, 38*(2), 6–34. https://doi.org/10.1080/00139157.1996.9933458

Khan, Y., O'Sullivan, T., Brown, A., Tracey, S., Gibson, J., Généreux, M., Henry, B., & Schwartz, B. (2018). Public health emergency preparedness: A framework to promote resilience. *BMC Public Health, 18*(1), 1344. https://doi.org/10.1186/s12889-018-6250-7

Klohnen, E. C. (1996). Conceptual analysis and measurement of the construct of ego-resiliency. *Journal of Personality and Social Psychology, 70*(5), 1067.

Koliou, M., van de Lindt, J. W., McAllister, T. P.,

Ellingwood, B. R., Dillard, M., & Cutler, H. (2020). State of the research in community resilience: Progress and challenges. *Sustainable and Resilient Infrastructure, 5*(3), 131–151.

Labarda, C., Labarda, M. D. P., & Lamberte, E. E. (2017). Hospital resilience in the aftermath of Typhoon Haiyan in the Philippines. *Disaster Prevention and Management: An International Journal, 26*(4), 424–436.

Leach, M., Rockström, J., Raskin, P., Scoones, I., Stirling, A. C., Smith, A., Thompson, J., Millstone, E., Ely, A., & Arond, E. (2012). Transforming innovation for sustainability. *Ecology and Society, 17*(2). https://www.jstor.org/stable/26269052

Lebel, L., Anderies, J. M., Campbell, B., Folke, C., Hatfield-Dodds, S., Hughes, T. P., & Wilson, J. (2006). Governance and the capacity to manage resilience in regional social-ecological systems. *Ecology and Society, 11*(1). https://www.jstor.org/stable/26267807

Lengnick-Hall, C. A., & Beck, T. E. (2016). Resilience capacity and strategic agility: Prerequisites for thriving in a dynamic environment. In *Resilience Engineering Perspectives, Volume 2* (pp. 61–92). CRC Press.

Leveson, N., Dulac, N., Zipkin, D., Cutcher-Gershenfeld, J.,

Carroll, J., & Barrett, B. (2017). Engineering resilience into safety-critical systems. In *Resilience engineering* (pp. 95–123). CRC Press. https://www.taylorfrancis.com/chapters/edit/10.1201/9781315605685-12/engineering-resilience-safety-critical-systems-nancy-leveson-nicolas-dulac-david-zipkin-joel-cutcher-gershenfeld-john-carroll-betty-barrett

Loorbach, D. (2007). Transition management. *New Mode of Governance for Sustainable Development. Utrecht: International Books.* https://www.jstor.org/stable/pdf/jcorpciti.58.48.pdf

Luthar, S. S., & Brown, P. J. (2007). Maximizing resilience through diverse levels of inquiry: Prevailing paradigms, possibilities, and priorities for the future. *Development and Psychopathology*, *19*(3), 931–955.

Maggi, S., Roberts, W., MacLennan, D., & D'Angiulli, A. (2011). Community resilience, quality childcare, and preschoolers' mental health: A three-city comparison. *Social Science & Medicine*, *73*(7), 1080–1087.

Mayunga, J. S. (2007). Understanding and applying the concept of community disaster resilience: A capital-based approach. *Summer Academy for Social Vulnerability and Resilience Building*, *1*(1), 1–16.

McNeill, C. C., Killian, T. S., Moon, Z., Way, K. A., & Betsy Garrison, M. E. (2018). The Relationship Between Perceptions of Emergency Preparedness, Disaster Experience, Health-Care Provider Education, and Emergency Preparedness Levels. *International Quarterly of Community Health Education*, *38*(4), 233–243. https://doi.org/10.1177/0272684X18781792

Meaney, M. J. (2001). Maternal Care, Gene Expression, and the Transmission of Individual Differences in Stress Reactivity Across Generations. *Annual Review of Neuroscience*, *24*(1), 1161–1192. https://doi.org/10.1146/annurev.neuro.24.1.1161

Metcalfe, J. S., & Ramlogan, R. (2006). Creative destruction and the measurement of productivity change. *Revue de l'OFCE*, *5*, 373–397.

Mulligan, M., Steele, W., Rickards, L., & Fünfgeld, H. (2016). Keywords in planning: What do we mean by 'community resilience'? *International Planning Studies*, *21*(4), 348–361.

Nykvist, B., & Von Heland, J. (2014). Social-ecological memory as a source of general and specified resilience. *Ecology and Society*, *19*(2). https://www.jstor.org/stable/26269552

Nyssen, A. S. (2017). From myopic coordination to resilience in socio-technical systems. A case study in a hospital. In *Resilience Engineering in Practice* (pp. 219–235). CRC Press. https://www.taylorfrancis.com/chapters/edit/10.1201/978 1317065265-16/myopic-coordination-resilience-socio-tec hnical-systems-case-study-hospital-anne-sophie-nyssen

O'Brien, K. (2012). Global environmental change II: From adaptation to deliberate transformation. *Progress in Human Geography*, *36*(5), 667–676. https://doi.org/10.1177/0309132511425767

Olsson, P., Galaz, V., & Boonstra, W. J. (2014). Sustainability transformations: A resilience perspective. *Ecology and Society*, *19*(4). https://www.jstor.org/stable/26269651

Paries, J. (2017). Lessons from the Hudson. In *Resilience Engineering in Practice* (pp. 9–27). CRC Press. https://api.taylorfrancis.com/content/chapters/edit/downl oad?identifierName=doi&identifierValue=10.1201/97813 17065265-2&type=chapterpdf

Park, J., Seager, T. P., Rao, P. S. C., Convertino, M., & Linkov, I. (2013). Integrating risk and resilience approaches to catastrophe management in engineering systems. *Risk Analysis*, *33*(3), 356–367.

Patterson, E. S., Woods, D. D., Cook, R. I., & Render, M. L. (2007). Collaborative cross-checking to enhance resilience. *Cognition, Technology & Work*, *9*(3), 155–162.

Pava, C. (1986). Redesigning Sociotechnical Systems Design: Concepts and Methods for the 1990s. *The Journal of Applied Behavioral Science*, *22*(3), 201–221. https://doi.org/10.1177/002188638602200303

Peterson, G. D., Carpenter, S. R., & Brock, W. A. (2003). UNCERTAINTY AND THE MANAGEMENT OF MULTISTATE ECOSYSTEMS: AN APPARENTLY RATIONAL ROUTE TO COLLAPSE. *Ecology*, *84*(6), 1403–1411. https://doi.org/10.1890/0012-9658(2003)084[1403:UATMOM]2.0.CO;2

Polasky, S., Carpenter, S. R., Folke, C., & Keeler, B. (2011). Decision-making under great uncertainty: Environmental management in an era of global change. *Trends in Ecology & Evolution*, *26*(8), 398–404.

Robards, M. D., Schoon, M. L., Meek, C. L., & Engle, N. L. (2011). The importance of social drivers in the resilient provision of ecosystem services. *Global Environmental Change*, *21*(2), 522–529.

Rose, A., & Liao, S.-Y. (2005). Modeling regional economic resilience to disasters: A computable general equilibrium analysis of water service disruptions. *Journal of Regional Science, 45*(1), 75–112.

Saltzman, W. R., Pynoos, R. S., Lester, P., Layne, C. M., & Beardslee, W. R. (2013). Enhancing family resilience through family narrative co-construction. *Clinical Child and Family Psychology Review, 16*(3), 294–310.

Sheffi, Y., & Rice Jr, J. B. (2005). A supply chain view of the resilient enterprise. *MIT Sloan Management Review, 47*(1), 41.

Sherrieb, K., Norris, F. H., & Galea, S. (2010). Measuring capacities for community resilience. *Social Indicators Research, 99*, 227–247.

Simmie, J., & Martin, R. (2010). The economic resilience of regions: Towards an evolutionary approach. *Cambridge Journal of Regions, Economy and Society, 3*(1), 27–43. https://doi.org/10.1093/cjres/rsp029

Smith, P., Hutchison, D., Sterbenz, J. P., Schöller, M., Fessi, A., Karaliopoulos, M., Lac, C., & Plattner, B. (2011). Network resilience: A systematic approach. *IEEE Communications Magazine, 49*(7), 88–97.

Sundström, G., & Hollnagel, E. (2017). Learning how to

create resilience in business systems. In *Resilience Engineering* (pp. 235–252). CRC Press. https://www.taylorfrancis.com/chapters/edit/10.1201/978 1315605685-21/learning-create-resilience-business-syste ms-gunilla-sundstr%C3%B6m-erik-hollnagel

Tjørhom, B., & Aase, K. (2017). The art of balance: Using upward resilience traits to deal with conflicting goals. In *Resilience engineering in practice* (pp. 157–170). CRC Press. https://www.taylorfrancis.com/chapters/edit/10.1201/9781 317065265-12/art-balance-using-upward-resilience-traits-d eal-conflicting-goals-berit-tj%C3%B8rhom-karina-aase

van Breda, A. D. (2011). Resilient workplaces: An initial conceptualization. *Families in Society*, *92*(1), 33–40.

Wald, J., Taylor, S., Asmundson, G. J., Jang, K. L., & Stapleton, J. (2006). Literature review of concepts: Psychological resiliency. *Vancouver, Canada: British Columbia University*. https://apps.dtic.mil/sti/citations/ADA472961

Walker, B. H., Abel, N., Anderies, J. M., & Ryan, P. (2009). Resilience, adaptability, and transformability in the Goulburn-Broken Catchment, Australia. *Ecology and Society*, *14*(1). https://www.jstor.org/stable/26268056

Walker, B., Holling, C. S., Carpenter, S., & Kinzig, A. (2004).
Resilience, Adaptability and Transformability in Social–
ecological Systems. *Ecology and Society*, *9*(2).

Walsh, F. (2003). Family resilience: A framework for clinical
practice. *Family Process*, *42*(1), 1–18.

Westley, F., Olsson, P., Folke, C., Homer-Dixon, T.,
Vredenburg, H., Loorbach, D., Thompson, J., Nilsson,
M., Lambin, E., Sendzimir, J., Banerjee, B., Galaz, V., &
Van Der Leeuw, S. (2011). Tipping Toward
Sustainability: Emerging Pathways of Transformation.
AMBIO, *40*(7), 762–780. https://doi.org/10.1007/s13280-
011-0186-9

Wilson, J. R., Ryan, B., Schock, A., Ferreira, P., Smith, S., &
Pitsopoulos, J. (2009). Understanding safety and
production risks in rail engineering planning and
protection. *Ergonomics*, *52*(7), 774–790.
https://doi.org/10.1080/00140130802642211

Woods, D. D. (2003). Creating foresight: How resilience
engineering can transform NASA's approach to risky
decision making. *Work*, *4*(2), 137–144.

Woods, D. D. (2017). Essential characteristics of resilience.
In *Resilience engineering* (pp. 21–34). CRC Press.
https://www.ida.liu.se/~769A09/Literature/Resilience/Wo

ods_2012.pdf

Woods, D. D., & Branlat, M. (2017). Basic patterns in how adaptive systems fail. In *Resilience engineering in practice* (pp. 127–143). CRC Press. https://www.taylorfrancis.com/chapters/edit/10.1201/978 1317065265-10/basic-patterns-adaptive-systems-fail-davi d-woods-matthieu-branlat

第三章　韌性與永續發展

緒　論

　　在過去二十年間，我們見證了政府、產業界以及一般大眾對永續發展認識的顯著提升，這也促使全球政策制定者在城市及工業發展計劃中積極融入對永續發展的考量。隨著永續發展及企業社會責任成為所有企業的策略規劃核心元素，美國及其他國家的領先製造商開始在多個層面上強調永續發展。其中包括將永續原則融入其內部商業流程、提升與外部利害關係人及投資者的互動，以及在客戶價值主張中強化永續發展的重要性。同時，當世界各國面臨的複雜議題與風險，迫使全球社會需要深入理解複雜系統的動態並找出適應策略，進而強化這些系統在面對干擾中斷時的韌性。

　　面對日益嚴峻的環境挑戰，如強烈風暴、極端乾旱、食物短缺、氣候變化，政府機關、緊急應對機構、非政府組織等各類型組織在努力確保未來生活品質的同時，則必須預防與處理這些事件所帶來的影響與衝擊。因此，永續發展（sustainability）及韌性（Resilience）這兩個概念逐漸受到產官學研各界的關注。然而，目前對於這兩個概念的明確定義及理論應用仍未達成共識。係因永續發展著眼於兼顧環境、社會、經濟因素，以期提高目前及未來世代的生活品

質，韌性則是著重於建構系統在面對極端干擾與持續壓力時的反應能力。相同的是，這兩個概念皆是從巨觀且複雜的系統性思維出發。本章首先透過三種研究架構理解永續發展及韌性之間的關聯性，進而以系統觀點來闡述一個系統如何透過韌性策略來邁向永續發展。

第一節　韌性與永續發展

韌性對於永續發展之影響力，根源於其賦予系統面對各種干擾時的適應與恢復能力。在當代環境變遷與社會經濟動態的背景下，韌性不僅是系統持續發展的基石，更是確保其能夠在面對不確定性與挑戰時保持穩定及進步的重要因素。首先，韌性強調系統對外部干擾的吸收、適應及快速恢復的能力。這意味著無論是自然生態系統還是人類社會系統，在遭遇如氣候變化、經濟衝擊或社會動盪等外部壓力時，都能夠有效地維持其核心功能與結構，並且在必要時進行適當的調整與重組，以確保系統的持續運作與發展。其次，韌性可促進系統的學習、創新與進化。在面對挑戰與變化時，具有韌性的系統能夠從經驗中學習，不斷調整與優化其策略與結構，從而促進創新與進化。這種不斷適應及更新的過程，是永續發展的核心要素，它確保系統不僅能夠應對當前的挑戰，同時也為未來的不確定性做好準備。再者，韌

性可強化系統的多樣性與冗餘性。多樣性與冗餘性是系統韌性的重要組成，它們賦予系統在面對干擾時的多種應對策略與緩衝能力。這種豐富的適應性選項以及配套措施，使系統更有可能在經歷壓力與衝擊後，不僅能恢復至原有狀態，甚至能達到更高的功能水平。最後，韌性可促進跨領域的協作。永續發展的實現需要不同領域之間的合作與協調，韌性的概念強調系統互聯性與相互依賴性，從而促進了跨領域的溝通、合作、集體行動，這對於應對複雜的全球性挑戰至關重要。

綜上所述，韌性透過強化系統的適應、恢復、進化能力，加強多樣性與冗餘性，以及促進跨界別協作，對永續發展產生深遠的影響。這不僅使系統能夠應對當前的挑戰，更為未來的不確定性提供堅實的基礎，從而推動環境、社會、經濟領域的持續進步與和諧發展。永續發展與韌性是兩個相互連接的概念，它們在各個領域中皆獲致相當多的關注，包括災害風險減少、供應鏈管理、城市規劃。韌性與永續發展之間的關係是複雜且多面向的，部分學者認為韌性是實現永續發展的關鍵因素（Mari et al., 2014; Jones & Comfort, 2017; Obrist, 2010）。在災害風險減少的背景下，Saunders & Becker（2015）概述了紐西蘭的韌性及永續發展之立法要求，強調將這兩個概念納入土地使用規劃中，以期從自然災害中恢復。同樣地，Voghera & Giudice（2019）強調社會生態系統在理解韌性及其對永續科學與實踐之相關性。除此之

外，在供應鏈管理領域，Zhao et al.（2021）則主張必須將永續性整合至採購過程中並選擇具有韌性的供應商的必要性，以實現一個有韌性且可永續發展的農業食品供應鏈。此外，Mari et al.（2014）主張透過社會韌性來管理永續發展且有彈性的供應鏈網絡設計，以避免中斷所造成的風險，這也凸顯出韌性與永續發展在商業營運及風險管理背景下的相互聯繫。

在社區發展與區域規劃中，韌性與永續發展之間的關聯性亦是顯而易見。Bec et al.（2018）提出社區韌性為探索社會、經濟、環境系統的永續發展提供一個框架，用以管理變化與不確定性。此外，Asprone & Manfredi（2014）分析城市系統中彈性與永續發展的定義，用以凸顯這兩個概念之間的相似性，並提出基於它們的共通點的綜合論述。綜整過去研究發現，韌性與永續發展緊密相連，韌性通常被視為實現永續發展的先決條件（Obrist, 2010）。在災害風險減少、供應鏈管理與社區發展等各個領域中，將這兩個概念的整合是非常重要的，以確保系統在面對挑戰與中斷時的長期可行性及適應性。

近年來，隨著永續發展及韌性這兩個概念在各種不同的情境中被廣泛使用，然而對它們的理解卻存在分歧。一方面，有人認為永續發展與韌性是相同的概念；另一方面，也有研究觀點指出它們完全不同，甚至毫無關聯。然而從定義上來看，永續發展通常意指在環境、社會、經濟系統中考慮

的三重構面（Collier et al., 2013），而韌性則被視為系統面對威脅時的準備、吸收影響、恢復與適應能力（Folke, 2016）。本章透過三種研究架構理解永續發展及韌性之間的關聯性：一是將韌性視為永續發展一部分；二是將永續發展視為韌性的一部分；三則是把它們視為獨立的目標。由於這些架構皆旨於在正常與極端營運條件下為人類及環境帶來益處，因此最好的方式應是找到永續發展及韌性之間的共通點，並盡量提高兩者整合後所帶來的綜效。

近年來，學者社群對永續發展及韌性的探討漸增。Marchese et al.（2018）從檢索並篩選後的 196 份文獻中發現近年來永續發展及韌性的研究議題交集日益增加，這表示永續發展及韌性有共同的目標及類似的研究取徑。永續發展及韌性的概念之間的確存在許多相似之處，然而它們卻經常在各種研究議題中被模糊地使用，較缺乏明確的意義以及目的上的明確區分。此外，應用這些概念時我們需要注意，永續發展及韌性應被視為對其他事物的描述，而不是獨立的實體。Carpenter et al.（2001）指出，永續發展及韌性皆用於描述一個系統，這個系統可能是全球經濟乃至於個人的心理狀態或身體健康。它們的相似點在於，兩者皆涉及對系統或特性在時間上的狀態，專注於該系統在正常運行條件下以及對干擾所產生反應的持續性（Fiksel et al., 2014）。由於這種對系統存活能力的共同關注，永續發展及韌性也產生許多共同的研究方法，例如生命週期分析、結構分析、社會經濟

分析（Bocchini et al., 2014）。永續發展及韌性的共同探討也與全球政治趨勢相關，例如在城市化過程中促進這兩者的全球架構以及多邊議程的發展（Folke et al., 2002）。這些重疊的目標與應用領域同時也致使一些政府機構（例如埃爾帕索市韌性及永續發展辦公室）、大學（例如倫敦大學學院的城市永續發展及韌性計劃）與非營利組織（例如永續發展及韌性的沿海社區公民）中結合了永續發展及韌性之部門的出現。

　　儘管永續發展與韌性存在相似之處，它們實際上是分開且獨立的概念，兩者的概念在空間及時間上的應用表現出顯著差異，永續發展通常聚焦於在較大的空間（Redman, 2014）以及較長的時間中（Meacham, 2019）。在社區發展背景下，永續發展倡議行動往往專注於保護傳統的資源使用、謀生方式、環境知識以及環境資源。相比之下，韌性倡議行動則更加關注適應新條件、以創新方法使用傳統知識、創造新的環境知識，以及改善生活與就業條件（Lew et al., 2016b）。韌性在社區發展中的應用往往被簡化，透過關注某些特定維度以增加公眾吸引力。此外，韌性通常優先考慮系統或特性的發展過程，而永續發展則優先考慮該系統所產生的結果或成效（Park et al., 2013）。在決策議題中，永續發展與韌性的應用方式也存在差異，永續發展常被納入機構層面的決策議題討論中（Chelleri et al., 2015）。而韌性則往往是在面對干擾、阻礙或中斷時所處理的議題，儘管韌性

的建構應從準備工作中開始。在實務中，倘若對永續發展與韌性之間的相似及相異性缺乏理解，可能導致決策者無法充分利用兩者之間的協同效應，從而造成執行效果不佳或出現衝突。這個部分在許多氣候變遷調適及適應策略（Lizarralde et al., 2015）、城市密集化（urban densification）（Landauer et al., 2015）以及災害應對（Asprone & Manfredi, 2015）的研究與實務中皆已經獲得應證。

　　關於永續發展與韌性概念之間可能產生的衝突，過去有許多學者提出應整合永續發展與韌性管理的需求（Anderies et al., 2013; Bocchini et al., 2014; Lizarralde et al., 2015; Saunders & Becker, 2015; Xu et al., 2015）。學者以系統性文獻分析方法，找出三個主要的研究觀點來解析永續發展與韌性，並探索這些觀點在不同研究議題中的優點與缺點。這些研究觀點主要分為三類：（1）將韌性視為永續發展的一部分，（2）將永續發展視為韌性的一部分，或（3）將永續發展及韌性視為不同的目標，以下逐一介紹三種研究觀點。

一、將韌性視為永續發展的一部分

　　在此觀點中，韌性被視為是永續發展概念的核心要素，永續發展是主要目標。基於這個的目標，透過提升系統

的韌性將促使該系統更為永續，然而促進系統的永續發展卻並不一定能增加其韌性。根據韌性聯盟（Resilience Alliance）這個國際研究機構研究指出，一個系統的韌性將進而影響該系統的永續發展，系統在經過干擾後逐漸恢復並透過適應力而達到永續發展。不具備韌性的系統最終僅能實現出一個較為脆弱的永續發展模式（Ahern, 2013）。因此，永續發展提供系統目標，而韌性概念則用於實現這些目標（Anderies et al., 2013）。為了使系統更為永續，其設計過程則必須考慮該系統面對干擾的脆弱性（vulnerability）（Blackmore & Plant, 2008）。

　　過去研究中已有多種定量方法應用於將韌性融入為永續發展的一部分。Walker et al.（2010）透過使用概率風險分析將韌性納入永續發展量化模型中，並將永續發展定義為不會隨著時間減少的社會福祉。Jarzebski et al.（2016）則提出了一種基於量化指標的研究架構，用於衡量經濟、環境（自然資本）、社會（社會文化資本）的永續發展，其中包括對地方政府的信任程度、農業及農林業中傳統實踐的使用，以及森林覆蓋的土地面積百分比等韌性指標。Milman & Short（2008）則是引入一個將韌性融入水系統永續發展的架構，其中包含未來 50 年的水供應估計、供水服務品質（例如，含氯管道或公共井），以及供水商的財務風險等指標。除了將韌性視為永續發展不可或缺的一部分之外，一些學者還加入了其他架構要素，Saunders & Becker（2015）將

風險管理作為韌性的子議題，以期對永續發展產生實務貢獻。將風險納入考量亦是韌性研究的共同主軸（Blackmore & Plant, 2008; Linkov et al., 2014）。Saunders & Becker（2015）則運用此觀點探討紐西蘭地震頻繁社區的風險案例，並據此獲致「降低風險有助於提高韌性及永續發展」的結論。此外，Seager（2008）亦將韌性、安全性（security）、可靠性（reliability）、更新（renewal）視為四種永續發展視角。據此，永續發展從安全或靜態（保持現狀）轉變為促進快速變革及全面重組的更新狀態。

二、將永續發展視為韌性的一部分

將韌性視為系統的最終目標，永續發展則成為促進韌性的貢獻要素。在承受經濟、環境、社會面向的干擾或衝擊中，一個永續發展的系統能夠更好地吸收、恢復及適應。這個觀點在供應鏈管理（Ahi & Searcy, 2013; Bansal & DesJardine, 2014; Close et al., 2011; McEvoy et al., 2006）、公共政策（Chapin III et al., 2009; Saxena et al., 2016）以及商業管理（Avery & Bergsteiner, 2011）等領域皆可找到相關的研究成果。其基本運作原則為提高系統的永續發展會增加其韌性，然而提高韌性並不一定會促進系統更加永續發展。在這個觀點下，韌性著眼於干擾或衝擊發生期間及之後能否繼續邁向主要目標或維持關鍵功能。隨著經濟、環境、

社會福祉的提升，這些關鍵功能可用以抵抗對系統有害的事件（Bansal & DesJardine, 2014）。

　　在供應鏈管理領域，許多學者探討如何將永續發展整合成為韌性的一部分（Ahi & Searcy, 2013; Bansal & DesJardine, 2014; Closs et al., 2011）。供應鏈作為涵蓋物料、資金、資訊在供應鏈成員之間持續流動的動態過程，Ahi & Searcy（2013）透過文獻回顧發現，應用永續發展或綠色供應鏈管理的主要目標是在干擾期間提升公司維持盈利能力。隨著經濟、社會、環境福祉的提升，供應鏈受到商業干擾的可能性降低。例如，在經濟永續發展的目標下，具有多元化經濟組合的供應鏈較不會受到特定行業或地區衰退的影響。同樣地，在環境永續發展的目標下，使用無毒化學品的供應鏈在化學品洩漏時的利潤損失較少。在社會永續發展的目標下，為員工提供高品質醫療保健的企業營運供應鏈，在疾病爆發時較不易喪失功能。Avery & Bergsteiner（2011）認為有必要發展永續發展的領導模式（例如平衡利潤、人、地球），以期確保企業產生足夠的社會資本以因應氣候的干擾或衝擊。社會資本（意指員工、供應商、合作夥伴等的福祉）有助於透過提升企業績效與生存前景來強化韌性（Avery & Bergsteiner, 2011）。在公共政策領域，Saxena et al.（2016）主張，永續發展原則（如收入、福祉、糧食安全或社會地位）可用於評估整體社區韌性。他們提出了一個基於交叉韌性分析（Cross Scale Resilience

Analysis, CSRA）以及永續發展生計架構（Sustainable Livelihood Framework, SLF）的社區韌性評估架構。Chapin III et al.（2009）對許多市政永續發展辦公室進行調查，並發現它們的主要目標是透過實施永續發展原則來強化城市韌性。

三、將永續發展及韌性視為不同的目標

將韌性及永續發展視為具有獨立目標的概念，兩者間並不存在互補或相互競爭的任何交集，這個觀點已經在多個領域獲得支持與研究驗證，其中包括基礎設施（Bocchini et al., 2014; Manyena et al., 2008; Meacham, 2019; Ning et al., 2013）、經濟學（Derissen et al., 2011）、城市規劃（Fiksel et al., 2014）、社區韌性（Lew et al., 2016）以及公共政策（Hunt, 2009; Lizarralde et al., 2015; Redman, 2014）。韌性在根本上無法促進永續發展，永續發展也無法強化韌性。在基礎建設領域中，永續發展及韌性的獨立實施尤為普遍。例如，在建築指南中，與韌性與永續建築規範是獨立的，例如澳大利亞建築規範，新加坡的建築控制法，以及財政激勵措施、行業培訓計劃、公眾推廣活動以及自願性建築規範（例如英國綠建築認證 Building Research Establishment Environmental Assessment Method, 簡稱 BREEAM、美國綠建築認證 Leadership in Energy and

Environmental Design，簡稱 LEED、美國的節能標章 Energy Star、日本建築物節能效益標章 Building-Housing Energy-efficiency Labelling System，簡稱 BELS）（Meacham, 2019）。此外，在基礎建設領域，對韌性的處理往往與永續發展分開，透過強制性措施（例如紐西蘭對現有建築的地震升級要求）以及自願性措施（例如日本的地震加固）進行（Meacham, 2019）。這些在建築規範中的分開處理最終可能導致兩者出現衝突或效能不佳的負面影響。

　　將永續發展及韌性視為不同目標的觀點，通常從經濟、環境、社會領域等視角探討永續發展，並且透過生命週期來進行評估。韌性則被視為是系統或特性在功能減少方面的抵抗能力（resistance），同時可轉換為貨幣化的參數，例如基礎設施修復成本、營運時間損失成本，以及外包需求（Bocchini et al., 2014）。韌性被定義為對低概率但高影響事件的反應，而將永續發展則被視為是對高概率事件的反應，其影響分佈於基礎設施的整個生命週期。例如 Lew et al.（2016）發現，在同時實施永續發展及社區韌性（community resilience）計畫後，臺灣鄉村旅遊社區的失業率、對老年人的支持、教育等皆獲得較佳表現。Lizarralde et al.（2015）在土木基礎設施永續發展及韌性典範的文獻回顧中亦發現，實現這些目標的最佳方式乃是透過結合永續發展及韌性觀點的共同努力。根據前述研究結果，永續發展及韌性的整合不僅對於鄉村社區的經濟及社會福祉至關重

要，同時也是推動基礎設施及相關領域進步的關鍵因素。

　　永續發展與韌性之間的主要區別之一在於所需投入的時間長度。永續發展目標的實現往往需要比展現韌性更長的時間。Meacham（2019）指出永續發展的主要目標乃是為了為未來世代創造理想條件。因此，永續發展政策的效果可能不會立即影響當前的環境條件，但是卻會對未來的環境條件產生重大影響。相較之下，韌性則常常被理解為適用於較短期的時期（Lew et al., 2016; Mejia-Giraldo et al., 2012），著重於短期內保護系統免受潛在干擾的衝擊。

　　韌性並非在不同結果之間進行選擇，而是選擇系統所期望的功能及流程。強化韌性旨於促進系統中的功能或特性在承受干擾或衝擊後仍能繼續維持，並使之成為系統特性之一（Park et al., 2013）。根據 Bocchini et al.（2014）、Park et al.（2013）以及 Redman（2014）的研究指出，相較於永續發展側重於期望的結果，韌性則側重於過程。Redman（2014）則進一步指出，永續發展的成果可被廣泛分類為提高人類生活品質、促進社會公平並增強環境的完整性。為了實現這些願景，則需要以終極目標為導向，透過與利害關係人及政策制定者共同為永續發展目標進行規劃與擬定策略。因此，增加系統的韌性則是過程中必要策略，而非旨於產生具體效果（（Saunders & Becker, 2015）。

第二節　以系統觀點探討韌性策略

　　本節次以系統觀點來探討闡述一個系統如何透過韌性策略來邁向永續發展，強化系統的韌性是實現永續發展的關鍵途徑。系統觀點提供了一個適合分析與探討韌性策略的全面且整合性架構，這是因為它著重於整體性與共通性，強調系統中各部分之間的相互依賴與影響，從而使我們能夠在考量組織、人員、流程、技術、環境等多層次面向及其相互作用的情境脈絡中，確保系統在面對挑戰時能有效適應並恢復。此外，系統觀點重視系統的動態性與適應性，強調在遇到干擾時，系統不僅能恢復原有狀態，亦能透過學習與調整以提高韌性。系統的多層次結構，從微觀到宏觀，每個層次對整體韌性都會有所貢獻，而系統觀點則有助於識別及分析這些層次間的交互作用。同時，回饋機制的重要性在於它對系統調整以及自我組織的作用，有助於理解系統對變化的回應，從而制定有效的韌性策略。系統與外部環境的交互作用同樣關鍵，它影響著系統的韌性，而系統觀點可幫助我們理解這些交互作用是如何形成的，以及如何透過策略以強化系統的抵抗力與適應能力。除此之外，面對持續性的壓力，系統可能需轉型與創新，系統觀點可支援轉型路徑的探索，促進創新思維，尋找新的解決方案。因此，系統觀點透過對這些關鍵要素 —— 整體性、共通性、動態性、多層次結構、回饋機制，以及與環境的交互作用 —— 的深入理解，為韌性策

略的分析與設計提供基礎，進而有助於推動永續發展目標的實現。

為了發展全面的韌性策略，我們必須考慮不同領域提出的各種架構與方法論。過去研究主要聚焦於關鍵基礎設施、衛生系統、組織韌性、社區適應等不同領域的韌性架構及方法論的發展。Masten（2011）強調應用韌性方法論的重要性。此外，學者亦提出一種創新方法論架構，以增強電力基礎設施的韌性，並強調這些架構對於關鍵基礎設施持續營運中的重要性（Dvořák et al., 2021）。Yi & Kim（2023）進一步探討結構工程領域廣泛使用的韌性概念，包括穩健性、冗餘、資源豐富性、迅速性等屬性，這些屬性對於結構工程的韌性分析至關重要（Yi & Kim, 2023）。此外，Foroughi et al.（2022）為實施衛生系統韌性研究提供了一個理論導向的架構，用以提供實現衛生系統韌性的政策方案，其中包括吸收、適應、轉型等策略（Foroughi et al., 2022）。此亦呼應 Grimm et al.（2021）所主張衛生系統韌性理論架構，包括重新定位關係、遠見、動機、緊急準備、變革管理（Grimm et al., 2022）。此外，Douglas（2021）強調人力資本管理策略在建立組織韌性中的作用，韌性可支持個體能力發展，以面對環境中的各種不確定性、發展回應能耐並進而參與轉型（Douglas, 2021）。在社區與城市韌性的背景下，Galappaththi et al.（2019）則提出了一個用於評估社區適應氣候變化的架構，並將韌性視為系統的能力及發

展過程（Galappaththi et al., 2019）。Alawneh & Rashid（2022）則重新審視城市韌性，為改善面臨人口變化的城市難民社區的韌性提供空間策略（Alawneh & Rashid, 2022）。這些架構對於解決社區與城市領域在建立韌性時面臨的挑戰至關重要。

　　韌性是指系統在面對外部壓力與衝擊時，能夠保持功能、迅速恢復或轉型的能力，以下羅列強化系統韌性以促進永續發展的策略，透過這些策略的實施，可提高系統韌性，使其更能適應並抵禦外部變化與衝擊，從而在經濟、社會、環境方面實現長期且平衡的永續發展。

　　1. 多元化與彈性：透過多元化策略，降低系統對單一資源、技術或過程的依賴。例如，在能源系統中結合太陽能、風能、水能等多種可再生能源，可提高能源供應的穩定性與彈性，進而降低因能源短缺或價格波動引起的風險。

　　2. 冗餘性設計：在系統設計中引入冗餘元素，即使部分組件失效，系統仍能繼續運作。例如，城市交通網絡應設計多條路徑選擇，以防單一路徑因事故或維修而中斷。

　　3. 預警與監測：建立有效的預警與監測機制，即時監控系統狀態以及外部環境變化，以便及時識別潛在的風險與壓力，並採取預防或應對措施。例如，透過氣象監測預測極端氣候事件，提前部署防災措施。

　　4. 適應性管理與學習：實施適應性管理策略，即系統應能基於反饋與學習調整其結構與功能，包括鼓勵創新、實

驗、持續學習，以提升系統應對變化的能力。例如，企業可透過技術創新與市場研究，積極適應快速變化的經濟環境。

5. 社區參與及協作：強化社區參與及跨部門協作，共同應對系統面臨的挑戰。社區成員的參與可提供寶貴的知識與資源，而跨部門的合作則能促進資源共享以及協同解決問題。例如，在城市規劃中引入公民參與，共同設計應對氣候變化的城市基礎設施。

6. 持續投資與資源配置：對韌性建設進行持續的投資，包括人力、物質、財務資源的合理配置。將韌性作為長期戰略的一部分，並將其納入決策制定與資源分配的過程中。例如，政府與企業應投資於研發及基礎設施建設，以提高系統對未來挑戰的應對能力。

採納系統觀點的韌性策略，對於圖書館在促進永續發展過程中具有深遠的意義。以系統觀點將圖書館視為一個與外部環境互動並相互影響的整體系統，從而促進對圖書館內部運作及其與社區、環境、經濟等多方面關係的全面理解。以下羅列系統觀點的韌性策略可為圖書館促進永續發展帶來的啟示：

一、整合型策略的重要性

整合型策略的重要性在於其促使我們從系統觀點出發，全面考慮圖書館運作的各個方面及其之間的相互作用。

這種觀點認為，圖書館不應被視為孤立的元素，而是一個綜合性的體系，其中包括資源管理、服務提供、社區參與以及其他諸多要素。這些要素相互依賴，共同作用並決定了圖書館的整體運作效能與效果。在這個架構下，韌性策略的制定需要跳脫出傳統的範疇，不僅關注圖書館內部的資源配置與管理，更應重視其與外部環境的關聯，如技術創新、社會需求的變化以及環境的不確定性。據此，圖書館在進行策略規劃時，方能預見未來的變化趨勢，並在此基礎上建立靈活的運作機制，以適應這些變化。

整合型策略的制定應包含以下幾個核心要素：（1）跨領域的資源整合：將數位化資源、實體資源以及人力資源等不同類型的資源進行有效整合，以充分發揮各類資源的優勢，提高服務效率與品質。（2）服務模式的創新：根據社會需求的變化，不斷調整與創新服務模式，如發展線上服務平台，提供個性化的資訊服務，滿足讀者多樣化的需求。（3）社區參與的深化：加強與社區的互動與合作，透過組織各類文化活動、教育講座等，提升公眾的參與度，促進資訊的共享以及知識的傳播。（4）靈活應變的機制建立：在面對環境的快速變化，圖書館必須建立快速回應機制，如建立緊急應變方案，以確保在面對突發事件時能夠迅速恢復正常運作。整合型策略的實施，使圖書館能夠在變化多端的環境中實現永續發展。它不僅涉及到圖書館內部運作的優化，更重要的是如何促使圖書館的服務不斷適應外在環境應，以

滿足社會發展的需求，從而在促進知識普及與文化傳承的同時，為社區的發展做出貢獻。

二、社區整合與參與

　　社區整合與參與的核心理念在於圖書館不僅是知識與資訊的儲藏地，更是社區交流與合作的中心。圖書館應主動擔當起促進社區凝聚力與促進永續發展的角色，透過與社區成員及其他社會組織的緊密協作，共同規劃及參與有關永續發展的項目與活動。其中，社區整合強調圖書館在連結社區資源、整合社區力量方面的作用。圖書館應該積極與地方政府、教育機構、非政府組織、企業及社區居民等多方合作，共同討論和解決社區面臨的問題，促進社區的全面發展。這種整合不僅能夠提升社區的凝聚力，亦可有效地整合以及利用各方資源，提高社區解決問題的能力。社區參與則強調圖書館應該鼓勵和促進社區成員積極參與社區發展相關的活動。透過舉辦教育講座、工作坊、文化活動等，圖書館不僅能夠傳播永續發展的理念與知識，還能夠提供一個平台，讓社區成員能夠分享自己的想法與經驗，參與社區發展實踐過程。這種參與不僅能夠增強社區成員對永續發展的認知與理解，亦可激發社區成員的責任感與歸屬感，促進社區的積極變革。

　　從系統觀點出發，圖書館的角色不再僅限於提供書籍

與資訊的借閱服務，而轉變成為社區知識共享、文化交流、社會教育的中心。圖書館應該超越其傳統的服務範疇，更加關注社區的需求與挑戰，並且透過提供多元化的服務與活動，如環境教育、永續發展項目、社區參與計畫等，來促進社區成員對永續發展的認知、理解及參與。社區整合與參與策略要求圖書館積極參與到社區發展的各個方面，並運用其獨特的資源與優勢，在社區中推動永續發展的理念及實踐。透過圖書館的努力，可以促進社區成員之間的交流與合作，增強社區的凝聚力與韌性，共同面對未來的挑戰。

三、跨領域合作的拓展

　　跨領域合作的拓展是圖書館韌性策略中的重要方面，其核心理念在於打破傳統界限，促進圖書館與學術機構、政府部門、非政府組織及私營企業等不同領域之間的合作與交流。透過這種跨領域合作模式，圖書館不僅能夠獲得來自各方的新資源、知識、技能，亦可共同探索與實施針對社區永續發展的創新解決方案。跨領域合作在系統觀點之韌性策略發展意涵，包括以下幾個面向：（1）資源共享與整合：跨領域合作使圖書館能夠與其他機構共享資源，如學術研究成果、專業技能、資金支持等，從而更有效地整合與運用各方資源，提高服務品質及效率。（2）知識交流與學習：透過與不同領域專家的合作，圖書館館員及讀者能夠接觸到更廣

泛的知識領域，促進知識交流與共享，並透過學習新的知識與技能來提升自身的專業能力。（3）創新解決方案的開發：跨領域合作可為圖書館提供一個多元化思考與創新的平台，有助於團隊成員從不同角度分析問題，共同開發出更加創新以及有效的永續發展解決方案。（4）強化應對複雜挑戰的能力：面對日益複雜的社會挑戰，跨領域合作可為圖書館提供更為廣闊的發展視角以及更多元的解決方案選項，進而強化圖書館在應對這些挑戰時的靈活性與創新能力。

關於圖書館實施跨領域合作的策略，可包含以下幾個面向：（1）建立合作網絡：積極尋求與各類機構建立穩定的合作關係，例如簽訂合作協議、共同舉辦活動與項目等。（2）促進互動交流：定期舉辦跨領域交流會、研討會、工作坊，提供一個平台，讓來自不同領域的專家學者與社區成員能夠相互學習與交流。（3）共同探索永續發展項目：與合作夥伴共同規劃與實施針對社區永續發展的實踐項目。如環境保護、社會責任、文化傳承等。跨領域合作的拓展不僅可豐富圖書館的服務內容與形式，也為圖書館在促進社區永續發展方面發揮了更大的影響力。透過這種合作模式，圖書館能夠更好地整合社區資源，透過提高社區參與度，在推動社區永續發展的過程中發揮關鍵的引領與支持作用。

四、數位化與科技創新

在數位時代背景下，採納系統觀點的韌性策略應重視數位化進程與科技創新的應用。透過數位資源的拓展、線上服務的創新以及智慧圖書館的建設，不僅能提升服務效率與品質，也有助於降低環境足跡，推動圖書館的綠色發展。數位化與科技創新成為推動圖書館發展的關鍵動力，系統觀點下的韌性策略強調應全面重視這個進程，並積極應用於圖書館的各項服務中，這不僅能夠顯著提升圖書館的服務效率和品質，亦有助於實現環境的永續發展。數位化與科技創新在系統觀點之韌性策略發展意涵，包括以下幾個面向：（1）數位資源的拓展：數位資源的拓展是數位化進程中的核心要素之一，包括將紙質資料數位化、豐富數位藏品、以及提供豐富的電子書、線上期刊、資料庫等數位服務。數位資源的拓展使得知識與資訊的獲取更為便捷，大大提高了圖書館資源的可及性與使用率，為讀者提供更加豐富多樣的學習與研究資源。（2）線上服務的創新：隨著科技的快速發展，圖書館的線上服務亦須不斷創新，包括開發便捷的線上借閱系統、提供線上咨詢與線上學習、以及舉辦線上講座與工作坊等。線上服務的創新不僅能夠滿足讀者的多元化需求，亦可突破時間和空間的限制，使圖書館的服務更加靈活多樣。（3）智慧圖書館的建設：智慧圖書館的建設是數位化與科技創新的未來趨勢。透過應用物聯網、大數據分析、人工智

慧等新興技術，智慧圖書館能夠實現資源管理的智能化、服務流程的自動化，以及讀者體驗的個性化。智慧圖書館的建設不僅可大幅提高營運效率以及服務品質，同時亦能精準回應讀者需求，提供更加貼心的服務。（4）對環境足跡的影響：數位化與科技創新在提升服務效率與品質的同時，也對環境足跡產生影響。透過減少紙質資料的使用、優化能源管理，以及提高營運效率，圖書館能夠在推動知識傳播與文化交流的同時，實現資源的節約以及環境保護，以期促進圖書館的綠色發展。綜上所述，數位化與科技創新對圖書館而言不僅是一種選擇，更是一種必然的趨勢。在系統觀點下，韌性策略應充分利用這一趨勢，不斷探索與實踐新的數位化途徑與科技創新應用，以滿足社會發展的需求，推動圖書館事業的持續進步及綠色發展。

五、持續學習與適應性管理

　　系統觀點強調學習與適應的重要性。圖書館應建立持續學習機制，不斷評估及調整其策略與服務，以應對快速變化的外部環境。透過彈性的管理與創新思維，圖書館能夠更好地滿足讀者需求，促進知識的創造與傳播。持續學習與適應性管理的核心理念在於圖書館作為知識與資訊的中心，應不斷追求學習與創新，以提高對變化環境的適應能力。在當今快速變化的社會背景下，圖書館需要建立一套有效的持續

學習機制，並透過適應性管理來確保其策略、服務及管理方式能夠及時回應這些變化。

　　持續學習與適應性管理在系統觀點之韌性策略發展意涵，包括以下幾個面向：（1）知識更新：圖書館工作人員透過持續學習，可及時掌握最新的知識、技術、行業趨勢，從而更有效地為讀者提供服務。（2）服務創新：透過學習新的理念與方法，圖書館能夠不斷創新服務模式與內容，滿足讀者多樣化與個性化的需求。（3）組織發展：持續學習有助於提升圖書館整體的專業水準，以促進組織的持續發展及進步。（4）靈活應對變化：適應性管理強調在管理過程中的靈活性及適應性，使圖書館能夠快速回應外部環境的變化，以確保服務的連續性及有效性。（5）促進讀者參與：透過彈性的管理策略，圖書館可以吸引與鼓勵更多讀者參與，強化讀者的歸屬感及滿意度。（6）知識的創造與傳播：適應性管理可促進圖書館內部知識共享以及創新思維的形成，將有助於知識的創造與傳播。因此，持續學習與適應性管理為圖書館提供了一種動態的發展模式，使其能夠在不斷變化的環境中保持活力與彈性。透過建立持續學習機制以及實施適應性管理，圖書館不僅能夠更好地滿足當前讀者的需求，也為未來的挑戰做好準備，從而促進知識的持續創造與有效傳播。

　　承上述，採納系統觀點的韌性策略能夠為圖書館提供一個全面而彈性的實踐架構，以促進圖書館在不確定與動態

環境中的永續發展。透過整合型策略的實施、社區的深度參與、跨領域合作的拓展、數位化與科技創新的整合，以及持續的學習與適應性管理，圖書館能夠更有效地發揮其在社會教育、文化傳承、知識創新中的重要功能與影響力。

參考文獻

Ahern, J. (2013). Urban landscape sustainability and resilience: The promise and challenges of integrating ecology with urban planning and design. *Landscape Ecology, 28*(6), 1203–1212. https://doi.org/10.1007/s10980-012-9799-z

Ahi, P., & Searcy, C. (2013). A comparative literature analysis of definitions for green and sustainable supply chain management. *Journal of Cleaner Production, 52,* 329–341.

Alawneh, S. M., & Rashid, M. (2022). Revisiting Urban Resilience: A Review on Resilience of Spatial Structure in Urban Refugee Neighborhoods Facing Demographic Changes. *Frontiers in Sustainable Cities, 4,* 806531.

Anderies, J. M., Folke, C., Walker, B., & Ostrom, E. (2013). Aligning key concepts for global change policy: Robustness, resilience, and sustainability. *Ecology and Society, 18*(2). https://www.jstor.org/stable/26269292

Asprone, D., & Manfredi, G. (2015). Linking disaster resilience and urban sustainability: A glocal approach for future cities. *Disasters, 39*(s1). https://doi.org/10.1111/disa.12106

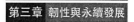

Avery, G. C., & Bergsteiner, H. (2011). Sustainable leadership practices for enhancing business resilience and performance. *Strategy & Leadership*, *39*(3), 5–15.

Bansal, P., & DesJardine, M. R. (2014). Business sustainability: It is about time. *Strategic Organization*, *12*(1), 70–78. https://doi.org/10.1177/1476127013520265

Blackmore, J. M., & Plant, R. A. J. (2008). Risk and Resilience to Enhance Sustainability with Application to Urban Water Systems. *Journal of Water Resources Planning and Management*, *134*(3), 224–233. https://doi.org/10.1061/(ASCE)0733-9496(2008)134:3(224)

Bocchini, P., Frangopol, D. M., Ummenhofer, T., & Zinke, T. (2014). Resilience and Sustainability of Civil Infrastructure: Toward a Unified Approach. *Journal of Infrastructure Systems*, *20*(2), 04014004. https://doi.org/10.1061/(ASCE)IS.1943-555X.0000177

Carpenter, S., Walker, B., Anderies, J. M., & Abel, N. (2001). From Metaphor to Measurement: Resilience of What to What? *Ecosystems*, *4*(8), 765–781. https://doi.org/10.1007/s10021-001-0045-9

Chapin III, F. S., Kofinas, G. P., Folke, C., & Chapin, M. C. (2009). *Principles of ecosystem stewardship: Resilience-based natural resource management in a changing world.*

Springer Science & Business Media.
https://www.google.com/books?hl=zh-TW&lr=&id=98_0
Tgfd25kC&oi=fnd&pg=PR5&dq=Principles+of+ecosyste
m+stewardship:+resilience-based+natural+resource+mana
gement+in+a+changing+world&ots=rDlFt4H6sA&sig=m-
q2WLW2yC-M5e3B_66LwondM4Q

Chelleri, L., Waters, J. J., Olazabal, M., & Minucci, G.
(2015). Resilience trade-offs: Addressing multiple scales
and temporal aspects of urban resilience. *Environment
and Urbanization*, *27*(1), 181–198.
https://doi.org/10.1177/0956247814550780

Closs, D. J., Speier, C., & Meacham, N. (2011). Sustainability
to support end-to-end value chains: The role of supply
chain management. *Journal of the Academy of Marketing
Science*, *39*(1), 101–116. https://doi.org/10.1007/s11747-
010-0207-4

Collier, Z. A., Wang, D., Vogel, J. T., Tatham, E. K., &
Linkov, I. (2013). Sustainable roofing technology under
multiple constraints: A decision-analytical approach.
Environment Systems and Decisions, *33*, 261–271.

Derissen, S., Quaas, M. F., & Baumgärtner, S. (2011). The
relationship between resilience and sustainability of
ecological-economic systems. *Ecological Economics*,

70(6), 1121–1128.

Douglas, S. (2021). Building organizational resilience through human capital management strategy. *Development and Learning in Organizations: An International Journal*, *35*(5), 19–21.

Fiksel, J., Goodman, I., & Hecht, A. (2014). Resilience: Navigating toward a sustainable future. *Solutions*, *5*(5), 38–47.

Folke, C. (2016). Resilience Oxford Research Encyclopedia of Environmental Science. *Ecology and Society*, *21*(4), 44.

Folke, C., Carpenter, S., Elmqvist, T., Gunderson, L., Holling, C. S., & Walker, B. (2002). Resilience and sustainable development: Building adaptive capacity in a world of transformations. *AMBIO: A Journal of the Human Environment*, *31*(5), 437–440.

Foroughi, Z., Ebrahimi, P., Aryankhesal, A., Maleki, M., & Yazdani, S. (2022). Toward a theory-led meta-framework for implementing health system resilience analysis studies: A systematic review and critical interpretive synthesis. *BMC Public Health*, *22*(1), 287. https://doi.org/10.1186/s12889-022-12496-3

Galappaththi, E. K., Ford, J. D., & Bennett, E. M. (2019). A framework for assessing community adaptation to climate

change in a fisheries context. *Environmental Science &
Policy, 92*, 17–26.

Grimm, P. Y., Oliver, S., Merten, S., Han, W. W., & Wyss, K.
(2022). Enhancing the understanding of resilience in
health systems of low-and middle-income countries: A
qualitative evidence synthesis. *International Journal of
Health Policy and Management, 11*(7), 899.

Hunt, J. (2009). Integrated policies for environmental
resilience and sustainability. *Proceedings of the Institution
of Civil Engineers - Engineering Sustainability, 162*(3),
155–167.
https://doi.org/10.1680/ensu.2009.162.3.155

Jarzebski, M. P., Tumilba, V., & Yamamoto, H. (2016).
Application of a tri-capital community resilience
framework for assessing the social–ecological system
sustainability of community-based forest management in
the Philippines. *Sustainability Science, 11*(2), 307–320.
https://doi.org/10.1007/s11625-015-0323-7

Landauer, M., Juhola, S., & Söderholm, M. (2015). Inter-
relationships between adaptation and mitigation: A
systematic literature review. *Climatic Change, 131*(4),
505–517. https://doi.org/10.1007/s10584-015-1395-1

Lew, A. A., Ng, P. T., Ni, C. (Nickel), & Wu, T. (Emily).

(2016a). Community sustainability and resilience: Similarities, differences and indicators. *Tourism Geographies*, *18*(1), 18–27. https://doi.org/10.1080/14616688.2015.1122664

Lew, A. A., Ng, P. T., Ni, C., & Wu, T. (2016b). Community sustainability and resilience: Similarities, differences and indicators. *Tourism Geographies*, *18*(1), 18–27.

Linkov, I., Bridges, T., Creutzig, F., Decker, J., Fox-Lent, C., Kröger, W., Lambert, J. H., Levermann, A., Montreuil, B., & Nathwani, J. (2014). Changing the resilience paradigm. *Nature Climate Change*, *4*(6), 407–409.

Lizarralde, G., Chmutina, K., Bosher, L., & Dainty, A. (2015). Sustainability and resilience in the built environment: The challenges of establishing a turquoise agenda in the UK. *Sustainable Cities and Society*, *15*, 96–104.

Manyena, S. B., Mutale, S. B., & Collins, A. (2008). Sustainability of rural water supply and disaster resilience in Zimbabwe. *Water Policy*, *10*(6), 563–575.

Marchese, D., Reynolds, E., Bates, M. E., Morgan, H., Clark, S. S., & Linkov, I. (2018). Resilience and sustainability: Similarities and differences in environmental management applications. *Science of the Total Environment*, *613*, 1275–1283.

Masten, A. S. (2011). Resilience in children threatened by extreme adversity: Frameworks for research, practice, and translational synergy. *Development and Psychopathology, 23*(2), 493–506.

McEvoy, D., Lindley, S., & Handley, J. (2006). Adaptation and mitigation in urban areas: Synergies and conflicts. *Proceedings of the Institution of Civil Engineers - Municipal Engineer, 159*(4), 185–191. https://doi.org/10.1680/muen.2006.159.4.185

Meacham, B. J. (2019). Sustainability and resiliency objectives in performance building regulations. In *Building Governance and Climate Change* (pp. 8–23). Routledge. https://www.taylorfrancis.com/chapters/edit/10.4324/9781 351184212-2/research-paper-sustainability-resiliency-obje ctives-performance-building-regulations-brian-meacham

Mejia-Giraldo, D., Villarreal-Marimon, J., Gu, Y., He, Y., Duan, Z., & Wang, L. (2012). Sustainability and Resiliency Measures for Long-Term Investment Planning in Integrated Energy and Transportation Infrastructures. *Journal of Energy Engineering, 138*(2), 87–94. https://doi.org/10.1061/(ASCE)EY.1943-7897.0000067

Milman, A., & Short, A. (2008). Incorporating resilience into sustainability indicators: An example for the urban water sector. *Global Environmental Change, 18*(4), 758–767.

Ning, X., Liu, Y., Chen, J., Dong, X., Li, W., & Liang, B. (2013). Sustainability of urban drainage management: A perspective on infrastructure resilience and thresholds. *Frontiers of Environmental Science & Engineering, 7*(5), 658–668. https://doi.org/10.1007/s11783-013-0546-8

Park, J., Seager, T. P., Rao, P. S. C., Convertino, M., & Linkov, I. (2013). Integrating risk and resilience approaches to catastrophe management in engineering systems. *Risk Analysis, 33*(3), 356–367.

Redman, C. L. (2014). Should sustainability and resilience be combined or remain distinct pursuits? *Ecology and Society, 19*(2).

Saunders, W. S. A., & Becker, J. S. (2015). A discussion of resilience and sustainability: Land use planning recovery from the Canterbury earthquake sequence, New Zealand. *International Journal of Disaster Risk Reduction, 14*, 73–81.

Saxena, A., Guneralp, B., Bailis, R., Yohe, G., & Oliver, C. (2016). Evaluating the resilience of forest dependent communities in Central India by combining the sustainable livelihoods framework and the cross scale resilience analysis. *Current Science*, 1195–1207.

Seager, T. P. (2008). The sustainability spectrum and the sciences of sustainability. *Business Strategy and the Environment*, *17*(7), 444–453.https://doi.org/10.1002/bse.632

Walker, B., Pearson, L., Harris, M., Maler, K.-G., Li, C.-Z., Biggs, R., & Baynes, T. (2010). Incorporating Resilience in the Assessment of Inclusive Wealth: An Example from South East Australia. *Environmental and Resource Economics*, *45*(2), 183–202. https://doi.org/10.1007/s10640-009-9311-7

Xu, L., Marinova, D., & Guo, X. (2015). Resilience thinking: A renewed system approach for sustainability science. *Sustainability Science*, *10*(1), 123–138. https://doi.org/10.1007/s11625-014-0274-4

Yi, S., & Kim, T. (2023). System-reliability-based disaster resilience analysis for structures considering aleatory uncertainties in external loads. *Earthquake Engineering & Structural Dynamics*, *52*(15), 4939–4963. https://doi.org/10.1002/eqe.3991

第四章　圖書館強化社區參與及社區韌性

緒　　論

　　在當代社會中，圖書館不僅作為知識與資訊的樞紐，更是強化社區參與及社區韌性的平台。隨著社會結構的轉變與各項挑戰增加，圖書館的功能已超過傳統的藏書與閱讀空間，圖書館逐漸成為促進社區參與（Community Engagement）、增進社會凝聚力以及韌性的中介者。社區參與透過鼓勵社區成員共同參與決策、規劃以及執行社區相關計畫，提升民主參與以及社會包容性，同時也增進社區成員間的相互理解與信任。另一方面，社區韌性強調社區在面對自然災害、經濟衰退或社會危機等逆境時的適應、承受與恢復能力。由於近年來全球災害事件不斷，這些災害事件促使社區韌性相關研究的發展與應用受到關注，特別是在國家與區域層面。回顧過往的研究，社區韌性（Community Resilience）較缺乏在評估指標的發展，有待更為全面與精確的指標設計。圖書館透過提供資訊、資源及支持，協助社區建立更為堅韌的應對機制。因此，本章深入探討並強化圖書館在促進社區參與以及提升社區韌性方面的功能與角色，闡述圖書館在建構更具包容性、韌性、活力的社區中所展現

的影響力。

　　在全球化與社會經濟變遷下，社區韌性逐漸成為學術研究與政策規劃的關鍵議題。本章旨於梳理社區韌性及社區參與的研究脈絡，並呈現出過去研究之不足及反思其所產生啟示。首先針對社區參與研究現況進行探討，進而說明社區韌性的跨學科研究特性，其涉及社會學、心理學、城市規劃與災害管理等多個學科。有鑒於目前社區韌性相關研究較著重於探討單一風險類型或特定基礎設施，相對較缺乏對於社會、經濟等多維度交互影響的探討。據此，本章將分析多維度觀點下的社區韌性，從不同的角度去了解社區韌性的定義、內涵及應用，進而針對圖書館如何協助強化社區韌性進行實務層面的探討與剖析。

第一節　社區參與

　　社區參與（Community Engagement）是一個多面向且不斷發展的研究及實踐領域，其範圍涵蓋文化能力、鄉村擴展乃至於服務學習計劃、數位融合、學生參與，以及圖書館在滿足其社區需求中不斷轉變的角色。圖書館對個人及其所在社區扮演重要的角色，美國圖書館協會（American Library Association, 簡稱 ALA）於 2008 年指出，圖書館不僅提供教育及自我提升的機會，同時為所有人提供公平獲取

知識的場所（ALA Association, 2008）。隨著政府的現代化進程，公共圖書館與其他公共機構服務之間的合作更加密切，積極參與地方政府社區策略相符的多元化計畫項目及活動。公共圖書館的功能不再僅限於提供資訊資源，同時擔負更廣泛的角色，逐漸成為賦權以及民主化的重要機構。此外，公共圖書館透過建構閱讀環境等相關活動，進一步支援社區能耐的建設，成為促進社區參與以及建構及強化社區能耐的重要基石（Goulding, 2009）。

　　社區參與不僅是一個多面向且引發廣泛討論的議題，其核心概念更深受學術界關注。根據 Rogers 與 Robinson（2004）的解釋，社區參與涵蓋了個體與集體在公共事務中的主動性、能力及意願，並著重於兩大目標：一是提升公共服務的反應速度；二是促進公民社會的再生。此亦與公共圖書館的使命有著密切的關聯，即透過社區參與來確保圖書館服務符合社區成員的多元需求，並且進一步建立信任、網絡、技能與賦權的社區環境。

　　在傳統的圖書館服務模式中，服務通常是被動且基於需求的。然而，近年來的研究著重於以社區為基礎的服務視角來發展社區參與實務（Sung et al., 2013）。Sung 與 Hepworth 透過針對英國三家公共圖書館的研究，闡釋社區參與成功所必須具備的 8 個主要元素與 2 個關鍵變數。其研究結果建議，只有當圖書館採用社區驅動與自然演變的方式，才能真正反映由下而上的社區參與精神。此外，對於多

元與獨特的社區，圖書館員需要具備出色的文化能力，以便更精確地規劃與實施符合社區需求的參與型計劃（Fabbricatti et al., 2020）。文化能力除了對建設具有豐富文化資產意涵的社區十分重要，對於由種族、年齡、性取向等多種因素構成的普遍社區而言，文化能力也是一個不可或缺的要素。具備高度文化能力的圖書館員，可以更全面地理解社區的多樣性，進一步提供客製化服務及參與計劃，從而強化社區的凝聚力與向心力。過去研究已實證七個社區參與的基本要素，其中包括：「歸屬感」、「承諾」、「溝通」、「彈性」、「真實性」、「相關性」以及「永續發展」。在社區參與過程中，情感依附與支持極為重要，例如「歸屬感」與「承諾」，這些來自服務提供者與服務使用者在社區參與過程中的雙向互動。Pateman 與 Vincent（2010）也提出，當圖書館從社區為基礎轉變為以社區為本的圖書館，圖書館與當地社區之間存在積極且動態的關係，為了發展基於需求的圖書館服務，圖書館的組織文化必須在工作方式、態度、行為及價值觀上進行改變（Pateman & Vincent, 2016）。投身參與社區事務（community involvement）以及夥伴合作（partnership working）是社區參與過程中的兩個關鍵面向。這兩個面向並非獨立存在，而是與其他基本要素相互連結且相互依賴。例如，「靈活的方法」意指需要多種方法與合作夥伴組織合作並且與社區接觸。而「永續發展」則意指必須與夥伴合作以及在服務中將

當地社區作為核心成員參與之平台，以強化能力並持續社區參與過程。

　　近年來的研究強調圖書館在強化社區參與及文化融合方面的重要性，尤其是在原住民社區、農業社區、教育及數位融合的背景中，這些研究凸顯出參與策略及科技在促進社會融合與創新方面的潛力。Blackburn（2017）分析澳大利亞公共圖書館的社區參與及文化能力，特別是在原住民社區的情境背景中強調理解與尊重多元文化背景的重要性。Singh et al.（2022）則是探討農業基礎的社區參與在鄉村圖書館的實踐，主張這是一個常被忽視的研究領域，並強調根據特定社區需求量身打造參與策略的重要性。此外，Baba & Abrizah（2018）探討社區參與中的轉型策略，強調圖書館在促進社區參與及促進積極變革中的關鍵功能。此外，Brewster et al.（2021）進一步提出一個評估學術圖書館服務學習計劃的評分表，做為評估與強化學術圖書館環境中社區參與的研究架構。Hopkins et al.（2015）探討以移動設備為基礎的數位融合如何促進圖書館的參與性文化，並據以闡述科技強化圖書館社區參與及社會融入的潛力。Blake et al.（2020）以曼徹斯特大學圖書館學生團隊作為包容性社區參與的模型，用以強調學生參與對於形塑圖書館服務與計劃的重要性。此外，Thorpe（2017）探討參考服務未來的趨勢，主張圖書館在支持社區的學習、工作、娛樂、創意、創新方面所佔有的獨特地位。透過這些學者的研究，我們可以看到

圖書館不僅是知識與資訊的儲存庫，更是社區參與及文化交流的活躍場所。從尊重多元文化背景到響應特定社區需求，再到運用科技促進參與性文化，這些研究提供一個全面性的視角，闡述圖書館如何透過各種創新策略與服務，為社區的學習、工作、娛樂、創新提出貢獻。

Rogers & Robinson（2004）將社區參與定義為「個人共同努力塑造公共生活的機會」，其定義乃是基於兩大核心目標。第一，社區參與機制有助於提升各式公共服務，例如公共圖書館乃是以更貼近社區特定需求的方式提供服務。同時，這也為社區成員間建立信任與關係提供一個平台。第二，他們認為社區參與更是一種促進公共衛生與教育成就的具體手段，進而有助於降低犯罪率與反社會行為。社區參與對教育有明顯的積極影響。它不僅有助於學校與圖書館更深刻地理解社區需求與價值觀，而且還能加強社區內部的身分認同與凝聚力。Scott（2011）進一步指出，公共圖書館透過提供資源與學習環境，促成更廣泛的社會包容與資源共享。此外，在 Sung et al.（2013）的 Leicester 公共圖書館案例研究中，成功的社區參與被認為需要包含歸屬感、承諾、溝通、彈性、真實性、永續發展與相關性等七大元素，透過整合這些元素可以讓圖書館更靈活地實施社區參與計劃，同時維護社區發展的多樣性。

關於社區參與的研究實例，英國博物館、圖書館與檔案館委員會（Museums, Libraries, and Archives Council,

MLA）於 2011 年對獎券基金（Big Lottery Fund）的社區圖書館計劃進行評估。該計劃涵蓋了 58 間位於英格蘭且透過政府補助金資助各地的圖書館，MLA 的目標是激勵社區成員更積極地參與圖書館服務，並且與其他社區建立合作關係。位於美國伊利諾州的 Skokie 公共圖書館也採用類似方法，尋找能夠合作以達成社區核心理念的夥伴。在美國，紐約公共圖書館透過一項名為「圖書館學習」的計劃，資助價值兩百萬美元、特別針對青少年的社區參與活動。根據 Cassell 與 Walther（2006）的評估指出，這項計劃不僅提升了圖書館對青少年的服務品質，更將青少年的社區服務參與率從 4%提升至 15%，同時圖書資源流通量亦提升至 34%的高峰（Cassell & Walther, 2006）。除此之外，加拿大的公共圖書館也積極參與社區合作項目，尤其是由加拿大人力資源與技術開發部資助的計畫項目，這個計畫在 2004 年至 2008 年期間於四個主要城市中執行，旨於減少社區邊緣化與消除服務障礙。溫哥華公共圖書館更是透過主動開啟與邊緣化社區的互動（例如社區主導的素養計畫並且與當地原住民合作），以提升社區的整體生活品質。綜合以上案例，我們可以看到社區參與不僅是一種提高公共服務效能的手段，更是塑造健康社區生態、促進社會包容與資源共享的關鍵策略。成功的社區參與需要整合歸屬感、承諾、溝通等核心元素，以確保計畫的靈活性、真實性、相關性，從而有效應對社區多樣性所帶來的挑戰。社區參與不僅有助於提升公共服

務的品質與效益，且能強化社區成員間的凝聚力與身分認同。

　　值得一提的是，社區參與在減少犯罪、提升公共衛生、與促進教育成效等方面亦具有顯著的正面影響（Rogers & Robinson, 2004），這一點不僅適用於公共圖書館，也同樣適用於學校與其他教育機構。學校與教育當局需要與社區建立穩固的合作關係，不僅有助於了解社區的實際需求及價值觀，同時亦可促進積極的公民參與以及社交網絡的建立。隨著環境的快速變化與社區需求的多元化，公共圖書館必須摒棄過去習慣的運作模式，從而轉向更具靈活性與適應性佳的策略（Sung et al., 2013），其中包括運用新的科技手段，例如虛擬實境與擴增實境技術，以達到更有效的社區參與。公共圖書館需要成為社區參與的平台，社區參與同時也對於塑造公共服務、促進公民社會、與增強文化多樣性等方面產生廣泛的影響。因此，公共圖書館需要深刻反思其營運模式與社區參與策略，以期滿足不斷變化的社會需求與挑戰。公共圖書館作為一個重要的社區參與樞紐，透過與社區居民的合作、共享及互相尊重，共同塑造和諧與包容的社會。

第二節　社區韌性

社區韌性是指一個社區應對自然災害或社會及環境變化，並從逆境中恢復的能力，並且能夠在一段時間內保持正向積極的功能（Southwick et al., 2014）。透過整合技術、組織、社會、經濟層面的韌性、迅速性、資源豐富度及餘裕等相關策略（Bruneau et al., 2003）以強化社區韌性，進而可降低災後回復失敗的概率、減少承受災後衝擊的後果、以及縮短恢復時間。因此這個概念對於災害管理與災後重建等議題來說非常重要，且需要來自不同部門的利害關係人的共同合作（Dwirahmadi et al., 2019）。在印度南部的一項案例研究中發現政府與當地社區共同採取行動開發永續韌性計劃的重要性（Devi et al., 2022）。此外，韓國的一項研究旨於測量社區災害韌性，並提倡社區層面評估以及量化韌性的重要性（Yoon et al., 2016）。此外，惠靈頓市社區花園的案例研究亦闡釋出如何透過強化社會資本與提供人力資源的途徑，進而強化社區韌性（Arona, 2015）。

社區韌性是一個多面向的概念，涉及社區應對、適應並且從各種壓力源中恢復的能力。強化社區韌性需要一個全面性的方法，透過整合技術、組織、社會、經濟層面的考量，對於應對災害與環境變化所帶來的挑戰至關重要。近年來，社區韌性逐漸形成一個多維度、跨學科的研究領域，涵蓋從工程學、社會學到經濟學等多個層面。社區韌性概念可

分為四個主要元素：計劃、抵抗、吸收以及迅速從衝擊或破壞性事件中恢復。從工程學的角度，韌性強調基礎建設的耐用性以及應變能力。社會學者則專注於社會結構以及人類行為的彈性。經濟學研究則著眼於經濟復原力以及市場調適能力。這些不同的視角彼此交織構成一個全面性的社區韌性架構（Kwasinski et al., 2017）。

　　社區韌性被定義為社區在面對干擾（包括自然災害、經濟挑戰、社會危機）時的適應及持續運作能力（Bhandari & Alonge, 2020）。這個概念涵蓋多個維度，其中包括預測、減少脆弱性、應對、恢復，有助於抵禦並且從衝擊中恢復，例如石油泄漏、洪水、傳染病大流行（Colten et al., 2012; Rahayua et al., n.d.）。社區韌性涉及動員與強化個人及社區資源，有助於集體在不確定、不穩定、逆境的環境中克服困難並成長茁壯（Garnett et al., 2023）。此外，社區韌性與社區資源開發及參與，以及在變化與不確定性高的環境中成長有關（Vårheim, 2019）。社區韌性的影響深遠，因為它在災害管理、城市發展、公共衛生安全等方面皆發揮重要功能（Chandra et al., 2010, 2013; Cohen et al., 2020），並且與氣候變遷、城市化、人口增長、極端事件頻傳等挑戰尤為相關（Oladokun & Montz, 2019）。此外，社區韌性與社會資本、經濟發展、社交網路亦有關聯性，這也突顯出社區韌性在培育凝聚力強、支持性高的社區面向上的重要性（Pfefferbaum et al., 2016; Sherrieb et al., 2010）。

社區韌性的調查與測量亦可作為評估韌性策略成效以及理解鄉村社區發展因素的重要基礎（Steiner & Markantoni, 2014）。

　　社區韌性的研究及實務發展包括從國際到地區的多層次倡議，韌性在不同的政治結構——從聯邦政府、州政府、區域政府——皆擔任關鍵角色，尤其在應對自然災害與其他緊急情況時，其實現與否不僅受到各項基礎設施與服務的功能性影響，同時亦深受「系統中的系統」、現有資金配置、決策流程，以及治理架構的綜合效應影響。關於全球範疇層次的實踐範例，聯合國國際減災戰略與洛克菲勒基金會的「100 個柔韌城市」計劃則是兩個重要的案例。聯合國國際減災戰略與洛克菲勒基金會的 100 Resilient Cities 計劃於 2013 年開展，旨於強化全球社區對物理、社會與經濟挑戰的抵抗力。此計劃不僅希冀應對突如其來的災害（如地震、火災等），同時亦致力於解決可能會逐漸削弱社區穩定性的慢性問題（如失業與缺水）（Amirzadeh & Barakpour, 2021; Hofmann, 2021）。

　　全球災害事件在國家、區域與地方等不同規模上加速了社區韌性的研究與實踐。這些災害觸發的影響不僅局限於短期緊急反應，更進一步引發對解決長期社會衝擊的深度探討。過往的相關研究多聚焦於災害情境下的社區韌性，其中涵蓋的主題範疇包括緊急應對機制、風險議題的通報，以及如何從環境、經濟與社會等多重角度恢復。值得注意的是，

這些研究往往因其特定的社區或基礎設施之服務對象而致使對韌性的定義、研究焦點與研究目標上存在差異。目前的災害研究也多專注於特定風險類型，例如地震，或是特殊基礎建設，如醫療設施，因此忽略了對環境、社會與經濟基礎建設之間交互影響的全面檢視。

　　關於社區韌性在自然災害中所扮演的角色，過去研究提供多元且富有深度的研究架構。其中包括 Bruneau 等人於 2003 年首度提出一個全面性的研究架構，透過量測受地震影響的社區韌性（Bruneau et al., 2003）。並且對社區韌性的定義運用了三個維度：降低衝擊發生的概率、減少衝擊所帶來的影響，以及加速恢復。此研究不僅結合技術、組織、社會與經濟之多維度觀點，同時亦透過數學模型 Q(t)來評估特定時間範圍內的控制系統與事件發生的影響。據此，Miles 與 Chang 於 2006 年進一步提出多層次的社區韌性模型，其中涵蓋社區家庭、鄰居、商業與基礎建設等各個面向。該研究對社區韌性的全面性評估，不僅考量商業與家庭收入，亦延伸至建築結構的年代及改造狀況（Miles & Chang, 2006）。基於 Bruneau 等人的研究，Renschler 於 2010 年以 2009 年義大利地震為個案進行實證研究，進一步發展出 "PEOPLE" 社區韌性架構，其研究範疇擴展至七個主要構面，包括人口統計、環境生態、政府服務、基礎建設、生活方式、經濟發展以及社會文化資本（Renschler et al., 2010）。據此，Miles 於 2011 年進而發展出一個隨時間

變化的基礎建設衰退及回復模型，該模型採用脆弱曲線、經濟損失模型以及概率方法來評估社區韌性，並以 1994 年洛杉磯地區的北嶺地震為案例進行模型校正。

以路易斯安那沿海的石油泄漏案例為例，社區韌性有助於減輕環境災害對當地人口與生態系統衝擊（Colten et al., 2012）。除此之外，過去研究中亦實證了領導力（leadership）、激進主義（activism）、志願主義（volunteerism）為在洪水災害中影響社區韌性的顯著因素（Rahayua et al., 2021）。這些個案研究皆強調社區韌性在解決現實世界挑戰以及促進永續發展的實務意義。

在區域層次的社區韌性倡議主要集中於解決跨國、跨社區或跨縣城的共同需求議題，例如水資源管理、燃料供應及恢復計劃。例如，太平洋西北經濟區（PNWER）與 DHS 的 2016 區域韌性評估計劃等，都是針對此目標展開的多方合作。各種區域層次的韌性架構（如 SPUR、NOAA 的沿海韌性指數等）皆強調國家、社區、非營利組織與研究機構的多方參與。有鑑於在設施與系統韌性的倡議及實踐存在研究缺口，學者們因此試圖對社區韌性在不同政治與地理層次上的實踐與倡議進行全面而深入的分析，提出具體的實踐範例與研究發現，進而呼籲全球社區在設施與系統韌性方面應展開更多的研究與實踐。

在國家與區域層次，以美國與歐洲為例，美國的國家標準技術研究院（National Institute of Standards and

Technology, NIST）致力於從事基礎科學性強的社區韌性研究，而美國的國土安全部（United States Department of Homeland Security, DHS）則透過其基礎建設保護計劃與聯邦緊急事務管理署（Federal Emergency Management Agency, FEMA）的國家預備目標來強化關鍵基礎建設與社區韌性。歐洲的聯合研究中心（Joint Research Centre, JRC）則發展出地理空間系統與韌性評估平台（Geospatial Risk and Resilience Assessment Platform, GRRASP），專門從事地理資訊科技與各類分析工具在基礎建設韌性評估中的應用。因此，要提升社區層面的韌性評估，不僅需要跨學科的密切合作，且需要更全面與精確的評估模型及指標發展。此外，對於實地狀況的深刻理解與洞見亦是不可或缺的。在國家層次，基礎建設的韌性是國家層級的關注焦點。透過精心規劃與設計，旨於全面提升關鍵基礎建設的復原力，同時最小化其功能喪失後所產生的潛在衝擊。據此，美國國土安全部為公共與私人合作夥伴提供戰略指引，強化包括水、能源、運輸等在內的 16 個關鍵部門的安全與韌性。美國聯邦政府透過制定一系列指導文件與工具來推動及提升社區韌性。美國聯邦緊急事務管理署（FEMA）則是發展出多維度方法論，旨於提升社區、個人、家庭、企業、地方與聯邦政府的緊急應變能力。美國國家標準技術研究所（NIST）則是推出了兩項重要的社區韌性推廣指導計畫，旨於促進社區在環境、社會與經濟方面的綜合型抵抗力。

　　在實體基礎建設方面，美國國家標準技術研究所
（NIST）於 2015 年提出了一個明確的六階段計畫，旨於強
化受災社區的基礎建設、社會與經濟結構。對於社會制度與
需求，以及建築物與基礎建設系統的性能目標（如應遵循的
規範、標準與指南）需要有明確的評估機制，包括社會的容
忍度、基礎建設系統之間的互相依賴性等多個維度，美國國
家標準技術研究所（NIST）針對這一問題提出了基於科學
方法與指標的解決方案。Lin et al.（2016）則發展出
Centerville 虛擬社區模型，用以試驗不同災害情境下社區韌
性指標的可行性。Sharma et al.（2018）進一步引入數學模
型來進行更為精確的韌性評估，特別是在纖維增強聚合物改
造的鋼筋混凝土橋應用上。這些研究不僅為社區韌性提供了
多維度的評估與應用，更進一步描繪其在社區、組織、與基
礎建設中相互依存的複雜性。

　　在社區與組織層次，Gilbert (2010) 與 Lavelle 等人
（2015）分別進行了社區與組織韌性的研究，其中涉及對多
種衡量方法的深入評估。其研究發現與社會與經濟系統的整
合相對薄弱（Gilbert, 2016），因此 Kwasinski 等人
（2016）進而發展出一個明確且層次豐富的社區韌性評估架
構。該架構不僅涵蓋物理、社會與經濟層面，且著重於各系
統之間的緊密整合，並細緻分類提供服務的多樣化系統
（Kwasinski et al., 2016）。

　　在社區與個人層次的韌性研究方面，在心理學與醫療

保健領域的研究中發現，個體與社區層面韌性之間存在密切的交互作用。尤其在心理學與醫療保健領域，個體韌性的研究受到高度關注。個體層次的韌性涉及多種因素，其中包括個人的生命經歷、在各種正式與非正式社會網絡中的互動、教育及就業機會、社會人口學特徵，以及對資源的取得及可用性。這些因素綜合影響單一個體的適應能力（Hopkins et al., 2015）。根據過去研究發現，參與一個具有強大凝聚力且充滿活力的社區，能夠提升個體的幸福感（Poortinga, 2012）。高水準的健康狀態以及整體社會經濟福祉則與個體具備更強的改變能力相關。此外，具備與外界良好社會網絡連結、社交技能、資源豐沛的個體可進一步強化社區韌性。綜合上述研究，個體韌性不僅受到個人因素的影響，亦與其所處的社區環境密切相關。一個具有凝聚力與活力的社區能顯著提升個體的幸福感，而個體的健康狀態、社經福祉以及良好的社會網絡連結及社交技能則是增強社區韌性的關鍵因素。因此，加強社區與個體間的互動與支持，將對提升整體社區的韌性與福祉產生積極影響。

社區韌性是一個具備多元面向的概念，涵蓋社區抵禦以及從各種衝擊中恢復的適應能力，其意涵可擴展至災害管理、城市發展、公共衛生安全等研究議題上。社區韌性的概念在全球化以及社會經濟變遷的背景下變得尤為重要，因為它直接影響到永續發展的能力。永續發展涉及經濟、環境、社會三個維度的和諧發展，而社區韌性正是這三個維度的重

要基礎。首先，從社會維度來看，社區韌性強調社會系統在面對外部衝擊時的應變能力。這不僅包括災害應對，更廣泛地包含對經濟、社會、文化變遷的適應。社區的積極參與以及社會資本的建立，對於提升社會結構的穩固性與適應性至關重要。這些因素有助於形成支持永續發展的社會基礎。其次，在經濟維度上，社區韌性強調經濟活動的永續性與彈性。這涉及到多元化的經濟結構、創新的經濟模式以及對經濟衝擊的應對機制。當社區能夠在經濟衝擊下迅速恢復，並能透過創新適應市場變化，以實現經濟的永續發展。再者，從環境角度來看，社區韌性關注的是環境的保護與可持續利用。社區在開發與利用自然資源時，需要考慮其對環境的長期影響，以確保資源的再生以及環境的健康，對環境的尊重與保護是實現永續發展的基礎。

整合這些維度的研究方法與評估指標的設計對於深入理解及實踐社區韌性至關重要。這不僅需要學術界的努力，也需要政策制定者與社區成員的共同參與。透過這種跨學科和多維度的合作，我們能夠更全面地理解社區韌性，並將其應用於促進永續發展的各個方面。因此，社區韌性的研究與實踐對於永續發展具有關鍵意義。它不僅幫助社區應對及適應快速變化的環境，同時可為實現經濟、社會、環境的和諧發展提供堅實的基礎。未來的研究與政府政策應更加關注這些實務面向互動及整合，以實現真正的永續發展。

綜上所述，社區韌性研究是一個跨學科與多維度的研

究領域，其重要性在全球化與社會變遷的當下日益凸顯。透過本章的整理與分析，期望為圖書館在社區參與及強化社區韌性的實踐上提供更為全面與實用的指引。

第三節　公共圖書館如何強化社區韌性

　　社區韌性的核心在於社區面對危機後的恢復能力，而非僅僅停留在準備階段。公共圖書館在這過程中扮演關鍵角色，其有效應對危機與災難的能力，以及配備的情境準備與評估實踐是至關重要的（Cowell, 2021）。美國圖書館協會主張圖書館在支援社區韌性上的多元功能，特別是在危機期間的角色（2021）。同時，聯邦緊急事務管理署（The Federal Emergency Management Agency, FEMA）也將圖書館定位為災難期間不可或缺的資訊提供者，強調其在滿足重要資訊需求上的責任（Patin, 2020）。此外，圖書館在新冠肺炎疫情期間所扮演的角色，更是凸顯出其作為社區服務的核心，並呼籲必須強化圖書館員的培訓，以有效應對緊急情況下讀者的資訊需求（Veil & Bishop, 2014）。因此，深入探索圖書館在緊急情況中的角色認識，並將其融入當地的緊急應對工作中，超越傳統功能，成為一個極其重要的議題（Real et al., 2014）。然而，儘管現有文獻已涵蓋社區圖書館學，社區韌性與公共圖書館的具體連結，以及公共圖書館

角色與策略的演進，公共圖書館如何強化社區韌性至今仍是一個待填補的研究缺口。

關於社區參與及社區韌性之間的差異，社區參與意指讓社區成員參與影響其生活的決策、規劃及執行過程（G. Blake et al., 2008）。這個過程著重於培養正面的關係、建立信任以及鼓勵社區成員積極參與各類活動。社區參與的主要目標通常是促進包容性、社會凝聚力、民主參與地方治理以及決策過程。而社區韌性則涉及社區在面對如自然災害、經濟衰退或社會危機等逆境或中斷事件時，能夠承受、適應並恢復的能力。這包括社區吸收衝擊、維持基本功能及恢復至正常狀態的能力（Grace & Sen, 2013; Magis, 2010; Veil & Bishop, 2014b）。社區韌性的範圍更為廣泛，它包括社區應對挑戰、適應變化及從衝擊中恢復的整體能力（Berkes & Ross, 2013; Grace & Sen, 2013; Patel et al., 2017）。

在時間範疇上，社區參與被認為是一個從短期到中期的過程，它涉及與社區成員進行即時與持續的互動，目的是徵詢社區成員的意見及反饋，並讓他們參與決策過程。這個過程主要著眼於當前的需求，並鼓勵社區成員積極參與特定的倡議或計劃。相較之下，社區韌性則是一個長期的概念，它著重於社區的準備與適應能力，以在面對逆境時能持續、恢復並調整。社區韌性的建立需要進行長久的規劃、準備以及能力培養，如此方能強化社區應對未來挑戰的能力。社區參與的成果通常根據社區參與的程度、對決策的投入，以及

成員間培養的歸屬感以及賦權程度來衡量，有助於改善決策過程、強化社區凝聚力，並在成員與決策者間建立更強的信任。而社區韌性的成效則是透過社區承受、適應以及從各種衝擊或逆境中恢復的能力來評估。社區韌性的影響反映在社區維持基本功能的能力、迅速從衝擊中恢復，以及在面臨挑戰時恢復正常狀態的能力上。

　　長久以來圖書館對於社區參與的持續關注。例如，美國圖書館協會於 2001 年至 2010 年期間，每年的主題皆聚焦於社區經營的相關議題（Scott, 2011）。同時，國際圖書館聯合會（International Federation of Library Associations and Institutions, IFLA）在其 2019-2024 年戰略規劃中也提出了四個願景，其中三個願景均涉及到社區發展。這些規劃不僅強調圖書館作為社區重要資產的角色，更突顯其在社區發展中的影響力。值得注意的是，IFLA 於 2010 年的世界圖書館與資訊會議（World Library and Information Congress, WLIC）以「開放獲取知識──促進永續發展」為主題，特別強調建設強韌社區作為公共圖書館的重要議程。此外，IFLA 的 2019 年度報告更進一步明確指出，圖書館的核心任務之一即賦予社區能力，包括提供資訊獲取途徑與資料應用能力，以及提升識字率與閱讀技能，這些都是社區建設的關鍵因素。為了促進圖書館與館員專業的永續發展，IFLA 自 2012 年起便開始與各領域專家共同討論，並於 2013 年首度推出趨勢報告。該報告綜整了多位學科專家的見解，從政

治、經濟、技術、文化與環境等多角度出發，提出圖書館未來可塑造的趨勢。特別是在新冠疫情影響下，IFLA 在 2021年的趨勢報告中強調，這場危機同時也是一次檢驗圖書館應變能力與創新能力的契機。此外，美國圖書館協會（American Library Association, ALA）也明確指出，具有強大能力與得到良好支持的圖書館及其館員，對於協助受到 COVID-19 衝擊的社區復原具有不可或缺的功能。從公共圖書館在降低數位落差、補足學習損失與協助求職者及創業者等方面的表現來看，其在建構社區韌性方面具有顯著的貢獻。

在全球化與社會變遷的瞬息萬變中，公共圖書館正逐漸轉型，不僅專注於透過社區參與來展現圖書資訊服務的價值，而且積極地融入邁向永續發展的全球議程。然而，這樣的轉變過程中暗藏了一個至關重要的因素——社區韌性。特別是在全球疫情的嚴峻考驗下，公共圖書館被賦予更為重要的責任，即在危機與衝擊中仍維繫其對社區永續發展的貢獻。公共圖書館具有無與倫比的資源優勢，包括免費開放的書籍、期刊、報紙，以及電腦及網絡等。這些資源不僅能滿足低收入群體、退休或失業人士的學習及娛樂需求，而且透過其獨特的文化及社交功能，為讀者提供與社會保持聯繫的橋樑（Hayes & Morris, 2005）。

然而，要達到前述目標，圖書館必須更精準地回應社區的多元需求。除了常規讀者，同時應積極接觸較少參與的

群體（如年幼兒童、移民及難民等）以協助建立更緊密的社區關係。也因此，圖書館不僅能夠獲得社區的廣泛支持，從而降低預算削減的風險（Scott, 2011），以實現永續發展目標。更重要的是，公共圖書館在維繫社會網絡、提供學習機會以及促進文化交流方面，也扮演著不可或缺的角色，尤其是在多元文化及高度動態發展的社會背景下，圖書館不僅為不同文化及社會背景的人們提供中立及安全的互動空間，而且透過全面的服務及資訊資源（如提供電腦及網際網路）更進一步滿足社區居民在就業、資訊資源獲取等日常需求。因此，公共圖書館不僅是社區發展的重要支柱，更是社區韌性及永續發展的關鍵角色，透過不斷調整及優化其服務及角色，公共圖書館有望在未來的衝擊及變革中，展現其不可或缺的價值及影響力。

根據 Jaeger, Bertot, et al.（2007）的研究發現，圖書館在災害期間提供準備工作、緊急資訊、庇護所以及災後恢復支持，可有效強化社區的韌性，這一點在 2011 年美國東南部遭遇龍捲風災害後尤為明顯，Veil & Bishop（2014）特別強調圖書館員適應社區變化需求的能力。此外，過去多項研究皆顯示圖書館在建立社會資本方面的適應性，例如 Bundy & LIBRARIES（2003）指出圖書館作為社區領袖所面臨的挑戰，Bourke（2005）則闡述圖書館在社區中信譽的重要性。而 Cox et al.（2000）則主張圖書館在促進社區內平等與建立信任方面所扮演的角色。社區韌性的建構不僅依賴於社會資本及經濟資

源，同時涉及多個層面及多維度的互動（Berkes & Ross, 2013），例如圖書館能夠透過促進社區平等及適應性來提升社區韌性（Scott, 2011）。一個具有高度韌性的社區，能夠促成更具韌性的國家社會結構（Fabbricatti et al., 2020）。因此，提升社區韌性不僅有助於地方社區的發展，也對國家乃至全球層面具有深遠的影響。

以加拿大 Halifax 公共圖書館為例，Halifax 公共圖書館被認為是 Nova Scotia 省最具城市化特質的圖書館，根據 Denise Somers（Musquodoboit Harbour 分館經理）與 Ken Williment（Halifax 公共圖書館社區參與經理）的研究發現，該館所處的農村社區當時正面臨如何有效運用有限的人力與財務資源的挑戰（Somers & Williment, 2011）。為解決這個困境，Halifax 圖書館團隊投入社區技術培訓，因此強化圖書館作為社區核心焦點的地位。這個策略在 2014 年因其創新性而獲得全國獎項，成功地建立與社區的緊密關係以及社區互信。再則以加拿大 Nova Scotia 省公共圖書館解決人口老化與資源不均雙重困境為例，Nova Scotia 省座落於加拿大的東南海岸，儘管土地面積不大，卻面對著嚴峻的人口老化問題。根據統計資料顯示，全省總人口中，超過三分之一的人口年齡在 55 歲以上，某些地區甚至達到一半。這不僅形成社會負擔，同時也呈現該省圖書館資源在農村以及城市之間的不均衡。雖然該省有三分之一的人口註冊為圖書館使用者，然而農村地區的註冊以及使用率卻遠低於城

市，且年輕人的使用率正逐漸下降（Langille et al.,
2008）。為因應這一系列問題，Nova Scotia 省轄下的公共
圖書館著手發展各類社區參與策略，並與 78 個分館進行協
同合作，以爭取更多的資金以推動社區參與。

　　綜觀 Halifax 公共圖書館與 Nova Scotia 省公共圖書館
的案例，可見面對農村社區資源限制及人口結構變化的挑
戰，圖書館透過社區技術培訓、社區參與策略以及跨分館合
作，不僅提升圖書館服務的創新性與有效性，同時也促進與
社區的緊密連結與建立互信。這些成功案例為公共圖書館如
何積極回應社會變遷及社區需求提供了示範。綜上所述，圖
書館在強化社區韌性的過程中扮演了舉足輕重的角色。首
先，圖書館能夠透過提供多元化資訊與資源，強化社區對各
種逆境的認知與應對能力。其次，透過舉辦各種社區活動與
工作坊，圖書館可促進社區成員之間的互動與合作，從而提
升社區的凝聚力以及自助能力。此外，圖書館作為一個安全
與包容的空間，為社區提供學習、討論、創新的平台，這些
都是促進社區適應力與恢復力的關鍵因素。圖書館與地方政
府、非政府組織、社區團體的合作，可進一步加強社區應對
危機的整體結構與機制。因此，透過這些策略，圖書館不僅
可提升社區的資訊素養以及應對危機的能力，也在提高社區
整體韌性方面發揮重要功能。展望未來，圖書館將繼續作為
促進社區韌性的重要力量，為社區的可持續發展與繁榮貢獻
力量。以下綜合比較社區韌性與社區參與的核心概念、目

的、關鍵要素、欲解決問題以及衡量成效的指標，從而提供
一個清晰的視角來理解這兩個重要的社區發展概念及其相互
之間的關聯性。

表 4-1　社區韌性及社區參與

特徵	社區韌性 （Community Resilience）	社區參與 （Community Engagement）
定義	社區在面對自然災害、經濟衰退、社會動盪等外部壓力與衝擊時，能夠有效適應、迅速恢復並保持其核心功能的能力。	社區成員積極參與社區事務的過程，包括決策過程、規劃及實施項目，以促進社區福祉與發展。
主要目的	增強社區對外部衝擊的抵抗能力，確保社區能夠在面臨困難時保持穩定，並能夠迅速從逆境中恢復。	增進社區成員之間的互動與合作，提升社區凝聚力，並使社區成員共同參與社區發展的決策過程。
關鍵要素	多樣性與冗餘性 學習與適應能力 社區連結與社會資本	公民參與及賦權 資訊共享及溝通 公共參與的機會及平台
解決問題	自然與人為災害的影響 經濟與社會結構性問題 環境變遷與永續發展挑戰	民眾缺乏參與社區決策 社區資源分配不均 社區內部溝通及合作不足
成效指標	災後恢復速度 社區適應新變化的能力 社區維持核心功能的能力	社區成員參與度 社區決策透明度及公平性 社區項目的成功實施率

本研究整理

參考文獻

Amirzadeh, M., & Barakpour, N. (2021). Strategies for building community resilience against slow-onset hazards. *International Journal of Disaster Risk Reduction*, *66*, 102599.

Arona, T. (2015). *Sowing the seeds of resilience: Community perspectives*. http://researcharchive.vuw.ac.nz/handle/10063/4866

Association, A. L. (2008). The campaign for America's libraries phase II plan. *Retrieved July*, *22*, 2010.

Baba, Z., & Abrizah, A. (2018). Transformation strategies in community engagement: Selected initiatives by Malaysian libraries. *IFLA Journal*, *44*(2), 90–105. https://doi.org/10.1177/0340035218778435

Berkes, F., & Ross, H. (2013). Community resilience: Toward an integrated approach. *Society & Natural Resources*, *26*(1), 5–20.

Bhandari, S., & Alonge, O. (2020). Measuring the resilience of health systems in low- and middle-income countries: A focus on community resilience. *Health Research Policy and Systems*, *18*(1), 81. https://doi.org/10.1186/s12961-020-00594-w

Blackburn, F. (2017). Community engagement, cultural competence and two Australian public libraries and Indigenous communities. *IFLA Journal*, *43*(3), 288–301. https://doi.org/10.1177/0340035217696320

Blake, G., Diamond, J., Foot, J., Gidley, B., Mayo, M., Shukra, K., & Yarnit, M. (2008). Community engagement and community cohesion. *Joseph Rowntree Foundation, York*.

Blake, J. R. S., Aston, S., & Grayson, N. (2020). From the Outside in: Bringing Student Engagement to the Centre. *New Review of Academic Librarianship*, *26*(2–4), 419–432. https://doi.org/10.1080/13614533.2020.1777172

Bourke, C. (2005). Public libraries: Building social capital through networking. *Australasian Public Libraries and Information Services*, *18*(2), 71–75.

Brewster, A. E., Branch, N. A., & Nutefall, J. E. (2021). Critical Information Literacy and Critical Service Learning: Potential Partners in Students' Social Justice Learning?. *Michigan Journal of Community Service Learning*, *27*(1), 93–128.

Bruneau, M., Chang, S. E., Eguchi, R. T., Lee, G. C., O'Rourke, T. D., Reinhorn, A. M., Shinozuka, M., Tierney, K., Wallace, W. A., & Von Winterfeldt, D.

(2003). A framework to quantitatively assess and enhance the seismic resilience of communities. *Earthquake Spectra, 19*(4), 733–752.

Bundy, A., & LIBRARIES, A. of F. O. (2003). Best investment: The modern public library as social capital. *Proceedings of the AGM of Friends of Libraries Australia.*

Cassell, K. A., & Walther, J. H. (2006). Supporting children and teens after school: A library approach. *The Bottom Line, 19*(1), 16–21.

Chandra, A., Acosta, J., Meredith, L. S., Sanches, K., Stern, S., Uscher-Pines, L., Williams, M., & Yeung, D. (2010). Understanding community resilience in the context of national health security. *Santa Monica, CA: RAND Corporation.* https://www.rand.org/content/dam/rand/pubs/working_pa pers/2010/RAND_WR737.pdf

Chandra, A., Williams, M., Plough, A., Stayton, A., Wells, K. B., Horta, M., & Tang, J. (2013). Getting Actionable About Community Resilience: The Los Angeles County Community Disaster Resilience Project. *American Journal of Public Health, 103*(7), 1181–1189. https://doi.org/10.2105/AJPH.2013.301270

Cohen, O., Mahagna, A., Shamia, A., & Slobodin, O. (2020). Health-care services as a platform for building community resilience among minority communities: An Israeli pilot study during the COVID-19 outbreak. *International Journal of Environmental Research and Public Health*, *17*(20), 7523.

Colten, C. E., Hay, J., & Giancarlo, A. (2012). Community resilience and oil spills in coastal Louisiana. *Ecology and Society*, *17*(3). https://www.jstor.org/stable/26269063

Cowell, J. (2021). Managing a library service through a crisis. *Library Management*, *42*(4/5), 250–255.

Cox, E., Swinbourne, K., Pip, C., & Laing, S. (2000). A safe place to go: Libraries and social capital. *The State Library of New South Wales*.

Devi, P. I., Sam, A. S., & Sathyan, A. R. (2022). Resilience to climate stresses in South India: Conservation responses and exploitative reactions. *Climate Change and Community Resilience*, 113.

Dwirahmadi, F., Rutherford, S., Phung, D., & Chu, C. (2019). Understanding the operational concept of a flood-resilient urban community in Jakarta, Indonesia, from the perspectives of disaster risk reduction, climate change adaptation, and development agencies. *International*

Journal of Environmental Research and Public Health,
16(20), 3993.

Fabbricatti, K., Boissenin, L., & Citoni, M. (2020). Heritage
Community Resilience: Towards new approaches for
urban resilience and sustainability. *City, Territory and*
Architecture, 7(1), 17.

Garnett, A., Prentice, K., Booth, R., Donelle, L., Orange, J.
B., & Webster, F. (2023). Social Isolation in Community-
Dwelling Older Adults During COVID-19: Understanding
the Role of Resilience. *INQUIRY: The Journal of Health*
Care Organization, Provision, and Financing, 60,
004695802211488.
https://doi.org/10.1177/00469580221148880

Gilbert, S. W. (2016). *Disaster resilience: A guide to the*
literature. CreateSpace Independent Publishing Platrorm.
https://tsapps.nist.gov/publication/get_pdf.cfm?pub_id=9
06887

Goulding, A. (2009). Engaging with community engagement:
Public libraries and citizen involvement. *New Library*
World.

Grace, D., & Sen, B. (2013). Community resilience and the
role of the public library. *Library Trends, 61*(3), 513–
541.

Hayes, E., & Morris, A. (2005). Leisure role of public libraries: User views. *Journal of Librarianship and Information Science, 37*(3), 131–139. https://doi.org/10.1177/0961000605057480

Hofmann, S. Z. (2021). 100 Resilient Cities program and the role of the Sendai framework and disaster risk reduction for resilient cities. *Progress in Disaster Science, 11*, 100189.

Hopkins, P., Hare, J., Donaghey, J., & Abbott, W. (2015). Geo, audio, video, photo: How digital convergence in mobile devices facilitates participatory culture in libraries. *The Australian Library Journal, 64*(1), 11–22. https://doi.org/10.1080/00049670.2014.984379

Jaeger, P. T., Bertot, J. C., McClure, C. R., & Rodriguez, M. (2007). Public libraries and Internet access across the United States: A comparison by state 2004–2006. *Information Technology and Libraries, 26*(2), 4–14.

Kwasinski, A., Lavelle, F. M., Trainor, J., & Wolshon, P. B. (2016). *A conceptual framework for assessing resilience at the community scale.* US Department of Commerce, National Institute of Standards and Technology.

Kwasinski, A., Trainor, J., Francis, R., Chen, C., & Lavelle, F. M. (2017). *Further development of a conceptual framework for assessing resilience at the community scale*. US Department of Commerce, National Institute of Standards and Technology. https://nvlpubs.nist.gov/nistpubs/gcr/2017/NIST.GCR.17-013.pdf

Langille, L., Munro, I., Romanow, P., Lyons, R., Bull, A., & Williams, P. (2008). Building collaborative capacity for research and influencing policy: The Rural Communities Impacting Policy (RCIP) Project. *Journal of Rural and Community Development*, *3*(3). https://journals.brandonu.ca/jrcd/article/view/229

Lin, P., Wang, N., & Ellingwood, B. R. (2016). A risk de-aggregation framework that relates community resilience goals to building performance objectivess. *Sustainable and Resilient Infrastructure*, *1*(1–2), 1–13. https://doi.org/10.1080/23789689.2016.1178559

Magis, K. (2010). Community resilience: An indicator of social sustainability. *Society and Natural Resources*, *23*(5), 401–416.

Miles, S. B., & Chang, S. E. (2006). Modeling community recovery from earthquakes. *Earthquake Spectra*, *22*(2), 439–458.

Oladokun, V. O., & Montz, B. E. (2019). Towards measuring

resilience of flood-prone communities: A conceptual framework. *Natural Hazards and Earth System Sciences*, *19*(6), 1151–1165.

Patel, S. S., Rogers, M. B., Amlôt, R., & Rubin, G. J. (2017). What do we mean by'community resilience'? A systematic literature review of how it is defined in the literature. *PLoS Currents*, *9*.

Pateman, J., & Vincent, J. (2016). *Public libraries and social justice*. Routledge. https://www.google.com/books?hl=zh-TW&lr=&id=frcFD AAAQBAJ&oi=fnd&pg=PP1&dq=Pateman%E8%88%87V incent+(2010)++community+engagement&ots=Q561Lad8 T1&sig=I5KhoHEQVh7PT-9lmXOHglisiWo

Patin, B. (2020). What is essential?: Understanding community resilience and public libraries in the United States during disasters. *Proceedings of the Association for Information Science and Technology*, *57*(1), e269.

Pfefferbaum, R. L., Pfefferbaum, B., Zhao, Y. D., Van Horn, R. L., McCarter, G. S. "Mack," & Leonard, M. B. (2016). Assessing community resilience: A CART survey application in an impoverished urban community. *Disaster Health*, *3*(2), 45–56. https://doi.org/10.1080/21665044.2016.1189068

Poortinga, W. (2012). Community resilience and health: The role of bonding, bridging, and linking aspects of social capital. *Health & Place, 18*(2), 286–295.

Rahayua, H. P., Khoirunnisaa, D., Rohmana, D. S., Asmana, A. I., & Kombaitana, B. (n.d.). *What are the Essentials for Community Resilience against Recurring Floods?* Retrieved December 13, 2023, from https://www.academia.edu/download/88981032/3127.pdf

Real, B., Bertot, J. C., & Jaeger, P. T. (2014). Rural public libraries and digital inclusion: Issues and challenges. *Information Technology and Libraries, 33*(1), 6–24.

Renschler, C. S., Frazier, A. E., Arendt, L. A., Cimellaro, G. P., Reinhorn, A. M., & Bruneau, M. (2010). *A framework for defining and measuring resilience at the community scale: The PEOPLES resilience framework.* MCEER Buffalo.

Rogers, B. M., & Robinson, E. (2004). *The benefits of community engagement: A review of the evidence.* Active Citizenship Centre London.

Scott, R. (2011). The role of public libraries in community building. *Public Library Quarterly, 30*(3), 191–227.

Sharma, N., Tabandeh, A., & Gardoni, P. (2018). Resilience analysis: A mathematical formulation to model resilience of engineering systems. *Sustainable and Resilient Infrastructure*, *3*(2), 49–67. https://doi.org/10.1080/23789689.2017.1345257

Sherrieb, K., Norris, F. H., & Galea, S. (2010). Measuring capacities for community resilience. *Social Indicators Research*, *99*, 227–247.

Singh, V., Mehra, B., & Sikes, E. S. (2022). Agriculture-based community engagement in rural libraries. *Journal of Librarianship and Information Science*, *54*(3), 404–414. https://doi.org/10.1177/09610006211015788

Somers, D., & Williment, K. (2011). Community-led library service in a rural community: Musquodoboit harbour branch. *Feliciter*, *57*(2), 50–52.

Southwick, S. M., Bonanno, G. A., Masten, A. S., Panter-Brick, C., & Yehuda, R. (2014). Resilience definitions, theory, and challenges: Interdisciplinary perspectives. *European Journal of Psychotraumatology*, *5*(1), 25338. https://doi.org/10.3402/ejpt.v5.25338

Steiner, A., & Markantoni, M. (2014). Unpacking community resilience through capacity for change. *Community Development Journal*, *49*(3), 407–425.

Sung, H.-Y., Hepworth, M., & Ragsdell, G. (2013). Investigating essential elements of community engagement in public libraries: An exploratory

qualitative study. *Journal of Librarianship and

Information Science, 45*(3), 206–218.

Thorpe, C. (2017). Engaging with Our Communities: Future

Trends and Opportunities for Reference Services. *Journal

of the Australian Library and Information Association,

66*(4), 406–415.

https://doi.org/10.1080/24750158.2017.1359993

Vårheim, A. (2019). Programs and Strategies for Community

Resilience in a Metropolitan Area Public Library: A Case

Study. *Proceedings from the Document Academy, 6*(1), 10.

Veil, S. R., & Bishop, B. W. (2014a). Opportunities and

challenges for public libraries to enhance community

resilience. *Risk Analysis, 34*(4), 721–734.

Veil, S. R., & Bishop, B. W. (2014b). Opportunities and

challenges for public libraries to enhance community

resilience. *Risk Analysis, 34*(4), 721–734.

Yoon, D. K., Kang, J. E., & Brody, S. D. (2016). A

measurement of community disaster resilience in Korea.

*Journal of Environmental Planning and Management,

59*(3), 436–460.

https://doi.org/10.1080/09640568.2015.1016142

第五章　數位韌性

緒　論

　　數位韌性（Digital Resilience）意指在數位環境中所展現出適應環境、面對及處理衝擊與挑戰的韌性能耐。這個概念最初被應用在資訊科技領域。早期的數位韌性研究主要聚焦於組織技術層面，研究目的為強化組織在遇到資訊技術挑戰時，能夠適應並保護其系統正常運作的能力（Fraga-Lamas & Fernández-Caramés, 2019; Van Der Kleij & Leukfeldt, 2020）。Casalino et al.（2019）則將數位韌性描述為一系列策略、實踐、政策與計畫的整合性能耐，有助於一個社會在組織層面上保持、調整、恢復數位能力，以及抵抗數位危機與衝擊。從技術觀點來看，數位韌性指的是系統與基礎設施在技術上的能耐，即使在遭受攻擊之後，數位系統與基礎設施仍能夠持續運作（Wright, 2016）。對於一個社區或整體國家社會來說，數位韌性的實現需要確保資料及工具是自由可取用的、可交換且可操作的，同時必須保持高品質以及最新狀態（Wright, 2016）。

　　為了闡述數位韌性對於永續發展的重要性，本章從文獻中汲取研究發展脈絡，以期全面性地理解數位韌性在學術研究上的定義、內涵、應用及其對永續發展的重要性。這些

參考文獻涵蓋了廣泛的主題，包括組織韌性、數位轉型、環境永續性、城市基礎設施等。透過綜整這些文獻，本章提供一個連貫且全面的解釋，進而說明數位韌性對永續發展的重要性，以及從國家、組織、個人層次的數位策略實踐方案。

第一節　數位韌性之定義、內涵及應用

數位韌性（Digital Resilience）是一個可以應對不同領域各種挑戰的概念。數位韌性的應用在社會支持、組織適應、醫療保健、教育、供應鏈管理等多個領域都逐漸受到關注與討論。在數位素養（Digital Literacy）的研究範疇，Tran et al.（2020）強調，具備數位素養能力的個體更有可能展現出數位韌性，且有助於應對與數位落差相關的挑戰，並賦予個體在數位領域發展的能耐。在教育領域，數位韌性用來幫助解決與遠距學習以及持續教育相關的挑戰。Hammond et al.（2023）主張針對數位韌性採取包括兒童、家長、教育者、政策制定者在內的集體方法，強調培養 8-12 歲兒童數位韌性所需的多層次參與。此外，Sun et al.（2022）則深入探討學校教育環境中個體的數位韌性，強調數位韌性在學童識別與管理網路上的風險中所扮演的重要角色。Jang et al.（2023）則實證了數位韌性對於提升學生學業韌性（academic resilience）的重要性，他們分析數位閱

讀實踐及其在強化學業韌性及素養面向的動機與認知。此外，Udwan et al.（2020）探討荷蘭敘利亞難民所採用的數位韌性策略，強調社交媒體在提供社會支持、健康資訊、身份維護面向的功用。同時，Roberts & Townsend（2016）的研究發現在農村社區中，運用數位技術發展創意經濟，並且克服與外界聯繫的各種障礙，從而強化農村社區的韌性。

在醫療保健領域，Rubbio et al.（2020）探討數位健康技術（digital health technology）如何強化韌性行為（resilient behavior），特別是在醫療系統中，數位韌性有助於應對醫療中斷所帶來的挑戰，以及增強危機處理時的適應性。Caldera et al.,（2021）探討數位韌性在建立機構韌性（institutional resilience）以支持殘疾兒童使用網際網路，進而突顯出數位韌性在解決持續教育（educational continuity）以及支持多元化學習需求方面的潛力。

數位韌性的概念同時亦延伸至城市基礎設施，例如 Apostu et al.（2022）探討在後新冠肺炎時期，智慧城市對於一個城市韌性的影響。Oberascher et al.（2021）則探討智慧雨水收集在提高城市水基礎設施之數位韌性面向上的挑戰，用以呈現數位應用在減少對傳統邊界條件依賴面向的潛力。Caldera et al.（2021）的研究亦驗證數位基礎設施資產管理工具（digital infrastructure asset management tools）在城鎮中實現基礎設施韌性成果的影響，數位韌性可協助解決與城市基礎設施管理以及災害準備相關問題與挑戰。此外，

Codara & Sgobbi（2023）探索了韌性、複雜性與數位轉型之間的交互作用。

數位韌性在過去被不同領域學者應用於解決數位素養、醫療保健、供應鏈管理、教育、城市基礎設施等領域之問題，也促使數位韌性成為數位時代的一個關鍵概念。數位韌性的概念涵蓋廣泛的領域，包括組織的永續發展、社會支持、數位轉型以及教育。Miceli et al.（2021）強調永續發展、敏捷性（agility）、數位化（digitalization）與組織韌性（organizational resilience）的交互作用，凸顯出這些因素在環境變動中茁壯成長的重要性。在組織適應面向，數位轉型對增強組織韌性的重要性不言而喻。Zhang et al.（2021）則聚焦探討數位轉型對組織韌性的影響，呈現數位化與韌性之間關係的探討及關注，深入探討數位轉型如何促進組織韌性的提升。此外，Bai et al.（2021）則探討數位韌性對遠距工作的影響，尤其是在 COVID-19 大流行等社會與經濟衝擊下，遠距工作的可行性如何影響企業績效。

在企業管理領域，由於數位科技時代下企業韌性的全面概覽尚未形成。因此，Diandra & Hidayah（2021）採用系統性文獻回顧方法，分析了 76 篇論文，這些論文可分為兩大類命題：一是數位科技時代中的韌性與適應能力，二是非適應性韌性。其研究結果發現，當企業內的商業流程適應數位科技時，此時該企業將變得更有韌性且可在激烈競爭中生存，反之的其他企業則不然。迄今為止所進行的研究已證實

數位轉型對企業績效的解釋力。然而，針對於關係資本（relational capital）與數位創業（digital entrepreneurship）的韌性卻仍鮮少探討。Mignenan（2022）的研究發現新興數位技術的採用、網路媒體的建立、數位平台的使用可改善關係資本的發展動態，同時亦可強化數位創業的韌性。但最重要的是，由商業網絡、客戶關係、資料庫管理機制所組成的關係資本同時亦可促進新企業的成長。除此之外，企業在危機之前、期間以及危機之後，是否能發展組織韌性（organizational resilience）的能力，對企業發展與成長至關重要。Paeffgen et al.（2023）分析出全球新冠肺炎COVID-19 大流行期間研究人員的關注主題及其與先前研究之差異，並對未來研究提出展望。其研究結果發現，在新冠肺炎 COVID-19 衝擊背景下：組織韌性的適應性定義、關鍵理論架構、未來研究的洞察受到關注。部分主題在 COVID-19 期間則越顯重要（例如數位化、合作夥伴關係及學習），而其他一些主題雖然在 COVID-19 之前的組織韌性研究中早已存在，但被探索得較少（例如動態能力、預期及準備）。Khalil et al.（2022）強調數位技術對發展中國家之中小企業韌性的影響，數位能力在提高中小企業韌性面向的相關性。

　　數位韌性的影響亦延伸至各個產業，以供應鏈管理與商業管理為例，Zeng et al.（2022）強調數位韌性在人工智慧的採用與數位創新之間的中介效果，並發現數位韌性在促

進技術進步面向的重要性。由於供應鏈管理是數位韌性產生顯著影響的一個領域，Lexman & Baral（2023）探討精實（lean）與韌性供應鏈之間的關係及其對永續發展的影響，強調數位韌性可協助應對供應鏈中斷相關的挑戰，並有助於永續的供應鏈管理實踐。同時，Yin & Ran（2022）強調數位韌性在供應鏈多樣化（diversification）與穩健性（robustness）面向的重要性，進而分析供應鏈多樣化與數位轉型對供應鏈韌性的影響。Martins et al.（2022）找出巴西企業供應鏈管理中韌性的最關鍵元素，發現管理供應鏈中最關鍵的三個韌性元素：決策制定（decision-making）（意即從供應鏈運作網路布局的定義到倉庫位置、分銷中心、製造設施的選擇）、人力資源（意即透過培訓以進行人力資源發展以及知識管理），安全（意即資料安全相關的資訊技術）。

在資訊科技領域，當數位轉型已成為企業在市場中營運的關鍵條件之一，主要是因為數位轉型為企業提供了全新的競爭技能及策略工具。然而，數位化的進程同時也使企業面臨來自網路環境的全新挑戰與威脅。因此，確保業務的安全同時維持競爭力已成為企業永續發展的基石，這個議題不再僅僅是一個附加特徵或是一句吸引人的口號，而是每個組織真實且迫切的需求。Annarelli & Palombi,（2021）透過對數位韌性以及數位化能力（Digitalization capabilities）進行分析與探討，數位化能力涉及數位韌性建構過程（cyber resilience process）的計劃（plan phase）、準備(prepare phase)以及適應階段（adaptation phase）。運用多元化資源與促進持續學習，同時對數位環境的變化進行掃描與及時對資源進行重新配置則是適應階段的關鍵因素。

當創新資訊科技可以幫助社區強化韌性，數位工具可透過提供數據資訊、基於證據力（evidence-based）的社區決策建議等來強化社區韌性，因此工具本身的韌性也是一項重要議題。數位韌性的強化必須建立在資訊與工具可自由獲取（accessible）、可互換（interchangeable）、可操作（operational）、高品質（high quality）且保持最新狀態（up-to-date）等基礎之上，以便協助社區或使用這些工具的組織能夠具備數位韌性地永續發展。Wright (2016) 從地理空間資訊、社區韌性、政策制定的角度出發，探討三項基礎數位實踐要素，其中包括：（1）創建並實施一種文化，不僅分享資訊，同時也分享資訊的工作流程以及使用案例，特別是在地圖及地理資訊系統（geographic information systems）中；（2）使用地圖與其他視覺工具講述引人入勝的故事，讓不同類型的受眾都能理解；（3）更加開放地尋求不同類型的合作夥伴關係，以降低項目成本、獲致更好的結果，以促進民眾的數位韌性意識及行為改變。

承上述，數位韌性的概念涵蓋從組織永續發展及社會支持到教育、供應鏈管理以及城市基礎設施等多種應用面向。過去文獻反映出對於理解與培養各領域數位韌性的研究

關注，強調其在應對數位時代複雜性的重要性。

第二節　如何調查與量測數位韌性

　　關於數位科技於衝擊危機管理中所展現之關鍵功能，我們可從過去的多項例證情境中進行檢視。例如，2003 年新加坡 SARS 爆發時，接觸追蹤系統的部署（Ahuja et al., 2021），以及 2011 年泰國洪水與 2014 年澳大利亞火山爆發期間社交媒體的應用皆展示出數位科技在危機衝擊中的重要性（Abedin & Babar, 2018; Leong et al., 2014）。然而，2021 至 2022 年的 COVID-19 傳染病大流行則進而需要我們重新檢視數位科技的發展、部署與傳播效用，尤其是用於應對突發、不斷變化、不確定性高的衝擊與危機（Dwivedi et al., 2020; Orlikowski & Scott, 2021; Rai et al., 2021）。最新研究則主張資訊系統（Information System）應針對數位韌性議題進行理論化分析與實證調查（Ågerfalk et al., 2020; Boh et al., 2023; Sakurai & Chughtai, 2020）。在前述背景下，針對數位韌性進行實證調查與分析，實為建立數位韌性指標及其行動方案之必要作為。

　　數位韌性意指個體、組織或社區運用數位科技以應對外部壓力的能力（Schemmer et al., 2021），其中包括對重大衝擊的回應，並且可能以多種形式存在。過去相關研究流

派對此存在分歧，部分學者著眼於恢復能力的建構，意即在受到衝擊危機後是否能夠快速恢復（Currie et al., 2021; Martin & Sunley, 2020）。而部分學者認為恢復至原先狀態是不太可能的，主張應專注於遭受衝擊後繼續發展的能力（Folke et al., 2010; Sakurai & Chughtai, 2020; Tim et al., 2021）。Boh 等人（2023）定義數位韌性為「吸收重大衝擊、適應中斷並轉變為一個新的穩定狀態，更能應對重大衝擊」（Boh et al., 2023）。數位韌性的定義、概念化、具體操作化，以及建立適用於災害衝擊時的數位韌性指標，已受到學者社群的關注（Bonaretti & Fischer-Preßler, 2023; Bryce et al., 2020; Heeks & Ospina, 2019）。

近幾年研究主要集中在 COVID-19 情境下的特定干擾，例如流行病控制或封城等議題（Floetgen et al., 2022; Pan et al., 2020; Trang et al., 2020; Urbaczewski & Lee, 2020）。隨著危機與衝擊的持續發生，情境條件會不斷地改變。在危機管理中，需要同時處理短期與長期的壓力因素（Boh et al., 2023; Sakurai & Chughtai, 2020），尤其在如 COVID-19 這樣的情境中，一個個體、組織或社區如何發展應對短期與長期危機條件的能力，這樣的議題仍需要相當多的研究關注與投入。

此外，在面對大規模與社會性危機時，處理緊張對立及相互矛盾的目標，對建立數位韌性來說非常重要（Dwivedi et al., 2020; Sakurai & Chughtai, 2020）。例如，

追蹤接觸的應用程式及監視系統對於疫情控制至關重要，但可能會進而引起隱私侵犯的擔憂（Böröcz & Molnár, 2020; Lucero-Prisno et al., 2020）。社交媒體可有效傳播資訊，然而過度曝光則會因此造成困擾（Ahmed & Rasul, 2022; Wheaton et al., 2021）。這些緊張對立在政府與公民溝通失敗或社會不信任時可能會被放大（Taylor et al., 2020）。因此，數位韌性建構的前提，首先必須在社會層面上謹慎平衡多個相互矛盾的目標（Carugati et al., 2020; Lee et al., 2024; Marana et al., 2019）。

數位韌性的發展可視為涉及多元利害關係人的多重現象（Leonardi et al., 2016），透過規劃部署多種技術資源來應對危機與衝擊。發展及強化數位韌性亟須政府、地方社區、公司、醫療機構、個別公民、其他社會組織共同整合技術資源（Pan et al., 2020）。在危機衝擊時期，參與者之間可能存在相互矛盾的時間需求及競爭性的目標，要形成集體行動是困難的。因此，部分學者認為政府應作為主要行為者，積極思考如何匯聚這些異質性組織，進行資訊資源的協同管理，以共同應對衝擊與危機，進而建構與強化數位韌性（Kumar et al., 2022; Mignoni et al., 2021）。

有鑑於數位韌性所具備之跨領域特性，研究者在調查及衡量數位韌性時則往往須採取多學科方法，其中涉及電腦科學、經濟學、教育、供應鏈管理等領域，以下整理出根據目前研究所歸納出的研究方式：

1. 質化與量化分析（Qualitative and Quantitative Analysis）：運用質性方法，例如主題分析、概念化且深入的質性分析，以理解不同背景下數位韌性的差別（Hammond et al., 2023; Kurniadi et al., 2022; Sun et al., 2022）。此外，亦可運用量化研究方法，例如問卷調查、貝氏統計、結構方程模型，以衡量數位韌性的關聯性及其影響（Tang & Wang, 2023; Tran et al., 2020; Zhang et al., 2021）。

2. 個案研究與調查（Case Studies and Surveys）：進行個案研究與調查，探索在特定背景下，例如敘利亞難民（Udwan et al., 2020）、組織環境（Zeng et al., 2022）、教育環境（Hammond et al., 2023）中所運用之數位韌性策略及方法。

3. 資訊分析與建模（Data Analysis and Modeling）：透過資訊分析技術，例如熵權 TOPSIS 方法、模糊集質性比較分析（fuzzy-set qualitative comparative analysis, fsQCA）以及結構方程模型（Structural Equation Modeling, SEM），以衡量數位韌性及其對各種結果的影響（Solahudin et al., 2022; Tang & Wang, 2023; Zeng et al., 2022）。

4. 發展理論架構（Framework Development）：從社會生態觀點、數位素養、組織動態中獲取洞察，用以發展評估數位韌性的研究架構（Fleron et al., 2021; Hammond et al., 2023; Roberts et al., 2015）。

5. 跨學科方法（Interdisciplinary Approaches）：整合經濟學、心理學、公共部門管理等多個領域的觀察及洞見，以全面性理解數位韌性及其所造成的影響（Akgül, 2022; Fleron et al., 2021; Supari & Anton, 2022）。

6. 縱貫性研究（Longitudinal Studies）：進行縱貫性研究，以追蹤數位韌性隨著時間的演變及其對數位環境的適應性反應（Magutshwa & Radianti, 2022; Wright, 2016）。

透過運用這些方法，研究人員可以有效地調查與衡量不同領域的數位韌性，以有助於深入了解數位韌性在應對數位時代挑戰中的所發揮的影響力。採納多元化的方法來進行韌性的衡量與評估，其中日益凸顯的挑戰在於如何捕捉並理解區域、社區與個人韌性間的交互作用與規模。Roberts et al.（2015）透過回顧社區韌性、數位落差、數位包容、農村資訊通訊技術（ICT）以及農村永續發展方面的文獻，進而開發出一個韌性架構，旨於評估新興數位技術對農村地區的影響，以及這些技術可能帶來的連鎖效應，例如影響民眾透過互動以建立社會資本的能力，或是提升民眾利用數位服務以及建立數位素養的能力。該韌性架構主要分為三大類別：個體韌性（individual resilience）、社區韌性（community resilience）以及數位參與（digital engagement）。

第三節　數位韌性對永續發展的重要性

　　數位韌性在不同領域對於促進永續發展扮演著關鍵角色。關於數位韌性如何在時代變遷中促進組織的永續發展，Miceli et al.（2021）探討永續發展、敏捷性、數位化與組織韌性之間的交互關係。他們的研究旨於發展一個概念模型，用以深入理解這些維度如何相互作用，進而幫助企業透過數位化與敏捷性成為策略發展上具有韌性的組織。Isensee et al.（2023）的研究則聚焦於探索強化組織韌性的成功要素，特別是對於數位創業者（sustainable digital entrepreneurs, SDEs）方面。透過分析 SDEs 提升組織韌性的策略，在數位實踐的永續發展前提下，提供關於數位韌性如何協助新創企業永續發展的重要見解。Zeng et al.（2022）檢視數位韌性作為人工智慧採用與數位創新之間的中介角色。這項研究提出了一個融合人工智慧採用、數位韌性及培訓協定（training protocols）的數位創新模型，並且深入探討數位韌性如何促進數位創新。關於數位韌性如何促進食品供應鏈的永續發展，尤其是在確保供應鏈營運的韌性及效率議題上，Michel-Villarreal et al.（2021）透過個案研究探討食品供應鏈中的韌性與數位化，並強調低成本數位技術在提升供應鏈的彈性（flexibility）、合作（collaboration）、能見度（visibility）、敏捷（agility）方面的重要性。承上述，數位韌性對於永續發展越來越重要，

特別是在組織發展情境下、新創事業、數位創新、供應鏈方面的表現。透過數位韌性，促使各類型組織與產業能夠提升其適應能力、營運效率以及策略韌性，能夠在面對動態及具挑戰性的環境中強化韌性並永續發展。

　　數位韌性對於永續發展的重要性，主要展現在以下幾個關鍵面向：首先，數位韌性強化個人與組織在面對數位變革的應變能力。在快速發展的數位時代，技術變遷與創新不斷推動社會與經濟結構的演變。具備數位韌性的個人及組織能夠有效適應這些變化，從而保護與增強其長期競爭力以及發展潛力。例如，企業透過強化數位韌性，能夠在面對市場動態或技術創新時迅速調整策略，保持業務的連續性以及生產力。其次，數位韌性有助於提高社會整體的風險管理能力。在數位化日益發展的背景下，例如網絡安全威脅以及資訊隱私問題等風險日益凸顯。個人與組織透過提升數位韌性，能夠更有效識別、管理、應對這些風險，從而保障數位資產的安全以及資訊的完整性，這對於建立一個安全、可靠的數位社會環境至關重要。再者，數位韌性可促進永續發展的創新與效率提升。數位技術的應用不僅可提高資源利用的效率，還可用以推動新業務模式與服務創新。這種創新不僅有助於經濟增長，同時也促進環境保護與社會福祉的提升。例如，智慧城市的建設依賴於數位韌性，透過資訊分析與智慧化管理以提高城市營運的效率與永續發展。最後，數位韌性對於建立韌性供應鏈與基礎設施至關重要。在全球化的經

濟體系中，供應鏈的穩定性與靈活性對於生產與服務的持續性提供至關重要。數位技術的應用，例如雲端計算與大數據分析，可以幫助企業及時應對市場變化與潛在風險，確保供應鏈的穩健以及永續發展。綜上所述，數位韌性是支持現代社會永續發展的關鍵要素。它不僅涉及技術與策略的運用，更展現於社會結構以及組織行為的深層次變革中。未來，加強數位韌性的研究與實踐將成為推動永續發展的重要途徑。

　　承上述，不論是國家、組織抑或是個人，強化數位韌性都是當前面對數位化挑戰的關鍵任務。對於一個國家而言，強化數位韌性意味著建立全面的網路安全策略、提升資訊基礎設施的安全性，以及培養國民的數位素養，從而有效應對網路攻擊以及資訊洩露等風險。對於一個組織來說，則涉及到加強內部資料管理系統的安全性，培訓員工對於資料保護的意識與技能，以及建立網路威脅的緊急應對機制。至於個人，強化數位韌性則需要提高對數位威脅的認識，採用安全的網路行為，並且不斷強化自己的數位技能，以適應快速變化的數位環境。無論是國家、組織還是個人，都需認識到數位韌性的重要性，並採取適當的策略來提升其在數位時代的生存與發展能力。

參考文獻

Abedin, B., & Babar, A. (2018). Institutional vs. Non-institutional use of Social Media during Emergency Response: A Case of Twitter in 2014 Australian Bush Fire. *Information Systems Frontiers, 20*(4), 729–740. https://doi.org/10.1007/s10796-017-9789-4

Ågerfalk, P. J., Conboy, K., & Myers, M. D. (2020). Information systems in the age of pandemics: COVID-19 and beyond. *European Journal of Information Systems, 29*(3), 203–207. https://doi.org/10.1080/0960085X.2020.1771968

Ahmed, S., & Rasul, M. E. (2022). Social Media News use and covid-19 misinformation engagement: Survey study. *Journal of Medical Internet Research, 24*(9), e38944.

Ahuja, S., Sadreddin, A., & Chan, Y. E. (2021). Readily available technologies for building community resilience: Lessons from India during the Covid-19 pandemic. *The Journal of Community Informatics, 17*, 3–25.

Akgül, G. (2022). Resilience among Gifted Students: Are They Prone to Anxiety during Pandemic? *Scandinavian Journal of Child and Adolescent Psychiatry and Psychology, 10*(1), 153-162.

https://doi.org/10.2478/sjcapp-2022-0016

Annarelli, A., & Palombi, G. (2021). Digitalization capabilities for sustainable cyber resilience: A conceptual framework. *Sustainability*, *13*(23), 13065.

Apostu, S. A., Vasile, V., Vasile, R., & Rosak-Szyrocka, J. (2022). Do Smart Cities Represent the Key to Urban Resilience? Rethinking Urban Resilience. *International Journal of Environmental Research and Public Health*, *19*(22), 15410.

Bai, J. J., Brynjolfsson, E., Jin, W., Steffen, S., & Wan, C. (2021). *Digital Resilience: How Work-From-Home Feasibility Affects Firm Performance*. National Bureau of Economic Research.

Boh, W., Constantinides, P., Padmanabhan, B., & Viswanathan, S. (2023). Building digital resilience against major shocks. *MIS Quarterly*, *47*(1), 343–360.

Bonaretti, D., & Fischer-Preßler, D. (2023). From Digital Public Warning Systems to Emergency Warning Ecosystems. In H. J. Scholl, E. E. Holdeman, & F. K. Boersma (Eds.), *Disaster Management and Information Technology* (Vol. 40, pp. 381–391). Springer International Publishing. https://doi.org/10.1007/978-3-031-20939-0_17

Böröcz, P., & Molnár, B. (2020). Measurement and analysis of

vibration levels in stacked small package shipments in
delivery vans as a function of free movement space.
Applied Sciences, 10(21), 7821.

Bryce, C., Ring, P., Ashby, S., & Wardman, J. K. (2020).
Resilience in the face of uncertainty: Early lessons from
the COVID-19 pandemic. *Journal of Risk Research,
23*(7–8), 880–887.

Caldera, S., Mostafa, S., Desha, C., & Mohamed, S. (2021).
Exploring the role of digital infrastructure asset
management tools for resilient linear infrastructure
outcomes in cities and towns: A systematic literature
review. *Sustainability, 13*(21), 11965.

Carugati, A., Mola, L., Plé, L., Lauwers, M., & Giangreco, A.
(2020). Exploitation and exploration of IT in times of
pandemic: From dealing with emergency to
institutionalising crisis practices. *European Journal of
Information Systems, 29*(6), 762–777.
https://doi.org/10.1080/0960085X.2020.1832868

Casalino, N., Żuchowski, I., Labrinos, N., Munoz Nieto, Á.
L., & Martín, J. A. (2019). Digital Strategies and
Organizational Performances of SMEs in the Age of
Coronavirus: Balancing Digital Transformation with An
Effective Business Resilience. *Queen Mary School of Law*

Legal Studies Research Paper Forthcoming.

Codara, L., & Sgobbi, F. (2023). Resilience, complexity and digital transformation: Three case studies in the valves industry. *Journal of Manufacturing Technology Management, 34*(9), 1–19.

Currie, M., McMorran, R., Hopkins, J., McKee, A. J., Glass, J., Wilson, R., Meador, J. E., Noble, C., Craigie, M. C., & Piras, S. (2021). *Understanding the response to Covid-19-Exploring options for a resilient social and economic recovery in Scotland's rural and island communities.* https://pure.sruc.ac.uk/en/publications/understanding-the-response-to-covid-19-exploring-options-for-a-re

Diandra, D., & Hidayah, Z. (2021). UNDERSTANDING DEFINITION OF BUSINESS RESILIENCE: A SYSTEMATIC LITERATURE REVIEW. *Proceeding of The International Seminar on Business, Economics, Social Science and Technology (ISBEST), 1.* http://conference.ut.ac.id/index.php/isbest/article/view/607

Dwivedi, Y. K., Hughes, D. L., Coombs, C., Constantiou, I., Duan, Y., Edwards, J. S., Gupta, B., Lal, B., Misra, S., & Prashant, P. (2020). Impact of COVID-19 pandemic on information management research and practice: Transforming education, work and life. *International*

Journal of Information Management, 55, 102211.

Fleron, B., Pries-Heje, J., & Baskerville, R. (2021). Digital organizational resilience: A history of denmark as a most digitalized country. *54th Hawaii International Conference on System Sciences*, 2400–2409. https://forskning.ruc.dk/en/publications/digital-organizati onal-resilience-a-history-of-denmark-as-a-most-

Floetgen, R., Ziegler, U., Weking, J., Hoefler, M., Riasanow, T., & Böhm, M. (2022). *B2B app store governance in software platform ecosystems: Dimensions and types.* https://scholarspace.manoa.hawaii.edu/items/49b092ba- b573-4b8a-82bd-eefe8405ef8f

Folke, C., Carpenter, S. R., Walker, B., Scheffer, M., Chapin, T., & Rockström, J. (2010). Resilience thinking: Integrating resilience, adaptability and transformability. *Ecology and Society, 15*(4).

Fraga-Lamas, P., & Fernández-Caramés, T. M. (2019). A review on blockchain technologies for an advanced and cyber-resilient automotive industry. *IEEE Access, 7,* 17578–17598.

Hammond, S. P., Polizzi, G., & Bartholomew, K. J. (2023). Using a socio-ecological framework to understand how 8–12-year-olds build and show digital resilience: A multi-perspective and multimethod qualitative study. *Education and Information Technologies, 28*(4), 3681–3709. https://doi.org/10.1007/s10639-022-11240-z

Heeks, R., & Ospina, A. V. (2019). Conceptualising the link between information systems and resilience: A developing country field study. *Information Systems Journal, 29*(1), 70–96. https://doi.org/10.1111/isj.12177

Isensee, C., Teuteberg, F., & Griese, K. M. (2023). Success factors of organizational resilience: A qualitative investigation of four types of sustainable digital entrepreneurs. *Management Decision, 61*(5), 1244–1273.

Jang, E., Seo, Y. S., & Brutt-Griffler, J. (2023). Building Academic Resilience in Literacy: Digital Reading Practices and Motivational and Cognitive Engagement. *Reading Research Quarterly, 58*(1), 160–176. https://doi.org/10.1002/rrq.486

Khalil, A., Abdelli, M. E. A., & Mogaji, E. (2022). Do digital technologies influence the relationship between the COVID-19 crisis and SMEs' resilience in developing countries? *Journal of Open Innovation: Technology, Market, and Complexity, 8*(2), 100.

Kumar, S., Raut, R. D., Priyadarshinee, P., Mangla, S. K., Awan, U., & Narkhede, B. E. (2022). The impact of IoT on the performance of vaccine supply chain distribution in the COVID-19 context. *IEEE Transactions on Engineering Management.* https://ieeexplore.ieee.org/abstract/document/9760292/

Kurniadi, K., Meiliyandrie, L., & Rahmah, R. (2022). *Digital Resilience and Academic Skills in College Students.* https://www.researchsquare.com/article/rs-2262404/latest

Lee, J. Y., Chou, C., Chang, H., & Hsu, C. (2024). Building digital resilience against crises: The case of TAIWAN'S COVID -19 pandemic management. *Information Systems Journal, 34*(1), 39–79. https://doi.org/10.1111/isj.12471

Leonardi, N., Ganju, N. K., & Fagherazzi, S. (2016). A linear relationship between wave power and erosion determines salt-marsh resilience to violent storms and hurricanes. *Proceedings of the National Academy of Sciences, 113*(1), 64–68. https://doi.org/10.1073/pnas.1510095112

Leong, L. Y. C., Fischer, R., & McClure, J. (2014). Are nature lovers more innovative? The relationship between connectedness with nature and cognitive styles. *Journal of Environmental Psychology, 40*, 57–63.

Lexman, R. R., & Baral, R. (2023). Video-conferencing applications for educational continuity: An inquiry towards building institutional resilience. *Development and Learning in Organizations: An International Journal,* *37*(2), 18–22.

Lucero-Prisno, D. E., Adebisi, Y. A., & Lin, X. (2020). Current efforts and challenges facing responses to 2019-nCoV in Africa. *Global Health Research and Policy,* *5*(1), 21. https://doi.org/10.1186/s41256-020-00148-1

Magutshwa, S., & Radianti, J. (2022). *Is this Digital Resilience? Insights from Adaptation and Exaptation of a Cyber-Physical-Social System.* https://scholarspace.manoa.hawaii.edu/items/7ccd503e-8c51-40d1-a2f6-2b6515cde147

Marana, P., Eden, C., Eriksson, H., Grimes, C., Hernantes, J., Howick, S., Labaka, L., Latinos, V., Lindner, R., & Majchrzak, T. A. (2019). Towards a resilience management guideline—Cities as a starting point for societal resilience. *Sustainable Cities and Society, 48,* 101531.

Martin, R., & Sunley, P. (2020). Regional economic resilience: Evolution and evaluation. In *Handbook on regional economic resilience.* Edward Elgar Publishing.

Martins, V. W. B., Anholon, R., Leal Filho, W., & Quelhas, O. L. G. (2022). Resilience in the supply chain management: Understanding critical aspects and how digital technologies can contribute to Brazilian companies in the COVID-19 context. *Modern Supply Chain Research and Applications*, *4*(1), 2–18.

Miceli, A., Hagen, B., Riccardi, M. P., Sotti, F., & Settembre-Blundo, D. (2021). Thriving, not just surviving in changing times: How sustainability, agility and digitalization intertwine with organizational resilience. *Sustainability*, *13*(4), 2052.

Michel-Villarreal, R., Vilalta-Perdomo, E. L., Canavari, M., & Hingley, M. (2021). Resilience and digitalization in short food supply chains: A case study approach. *Sustainability*, *13*(11), 5913.

Mignenan, V. (2022). Influence of Digital Transformation on Relational Capital and Digital Entrepreneurial Resilience. *International Business Research*, *15*(10), 1–16.

Mignoni, J., Bittencourt, B. A., da Silva, S. B., & Zen, A. C. (2021). Orchestrators of innovation networks in the city level: The case of Pacto Alegre. *Innovation & Management Review, ahead-of-print*. https://www.emerald.com/insight/content/doi/10.1108/INMR-01-2021-0002/full/banicet@unisinos.br

Oberascher, M., Dastgir, A., Li, J., Hesarkazzazi, S., Hajibabaei, M., Rauch, W., & Sitzenfrei, R. (2021).

Revealing the challenges of smart rainwater harvesting for integrated and digital resilience of urban water infrastructure. *Water*, *13*(14), 1902.

Orlikowski, W. J., & Scott, S. V. (2021). Liminal innovation in practice: Understanding the reconfiguration of digital work in crisis. *Information and Organization*, *31*(1), 100336.

Paeffgen, T., Lehmann, T., & Feseker, M. (2023). Comeback or evolution? Examining organizational resilience literature in pre and during COVID-19. *Continuity & Resilience Review*. https://www.emerald.com/insight/content/doi/10.1108/CRR-07-2023-0012/full/html

Pan, A., Liu, L., Wang, C., Guo, H., Hao, X., Wang, Q., Huang, J., He, N., Yu, H., & Lin, X. (2020). Association of public health interventions with the epidemiology of the COVID-19 outbreak in Wuhan, China. *Jama*, *323*(19), 1915–1923.

Rai, S. S., Rai, S., & Singh, N. K. (2021). Organizational resilience and social-economic sustainability: COVID-19 perspective. *Environment, Development and Sustainability*, *23*(8), 12006–12023. https://doi.org/10.1007/s10668-020-01154-6

Roberts, E., Farrington, J., & Skerratt, S. (2015). Evaluating
New Digital Technologies Through a Framework of
Resilience. *Scottish Geographical Journal*, *131*(3–4),
253–264. https://doi.org/10.1080/14702541.2015.1068947

Roberts, E., & Townsend, L. (2016). The Contribution of the
Creative Economy to the Resilience of Rural
Communities: Exploring Cultural and Digital Capital.
Sociologia Ruralis, *56*(2), 197–219.
https://doi.org/10.1111/soru.12075

Rubbio, I., Bruccoleri, M., Pietrosi, A., & Ragonese, B.
(2020). Digital health technology enhances resilient
behaviour: Evidence from the ward. *International Journal
of Operations & Production Management*, *40*(1), 34–67.

Sakurai, M., & Chughtai, H. (2020). Resilience against crises:
COVID-19 and lessons from natural disasters. *European
Journal of Information Systems*, *29*(5), 585–594.

Schemmer, M., Heinz, D., Baier, L., Vössing, M., & Kühl, N.
(2021). Conceptualizing Digital Resilience for AI-based
Information Systems. *ECIS*.
https://www.researchgate.net/profile/Max-Schemmer-3/pu
blication/351074607_Conceptualizing_Digital_Resilience
_for_AI-Based_Information_Systems/links/6087c8d58ea9
09241e28f9db/Conceptualizing-Digital-Resilience-for-AI

-Based-Information-Systems.pdf

Solahudin, M., Sujiarto, H., Mudrikah, A., & Kosasih, U. (2022). The Effect Of Digital Literature Ability On Academic Resilience Through Student Self-Efficiency. *International Journal Of Humanities Education and Social Sciences (IJHESS)*, *2*(2). http://www.ijhess.com/index.php/ijhess/article/view/250

Sun, H., Yuan, C., Qian, Q., He, S., & Luo, Q. (2022). Digital resilience among individuals in school education settings: A concept analysis based on a scoping review. *Frontiers in Psychiatry*, *13*, 858515.

Supari, S., & Anton, H. (2022). The Impact of the National Economic Recovery Program and Digitalization on MSME Resilience during the COVID-19 Pandemic: A Case Study of Bank Rakyat Indonesia. *Economies*, *10*(7), 160.

Tang, Y., & Wang, Y. (2023). Impact of digital economy on ecological resilience of resource-based cities: Spatial spillover and mechanism. *Environmental Science and Pollution Research*, *30*(14), 41299–41318. https://doi.org/10.1007/s11356-023-25155-w

Taylor, S., Landry, C. A., Paluszek, M. M., & Asmundson, G. J. (2020). Reactions to COVID-19: Differential predictors of distress, avoidance, and disregard for social distancing. *Journal of Affective Disorders, 277,* 94–98.

Tim, Y., Cui, L., & Sheng, Z. (2021). Digital resilience: How rural communities leapfrogged into sustainable development. *Information Systems Journal.*

Tran, T., Ho, M.-T., Pham, T.-H., Nguyen, M.-H., Nguyen, K.-L. P., Vuong, T.-T., Nguyen, T.-H. T., Nguyen, T.-D., Nguyen, T.-L., & Khuc, Q. (2020). How digital natives learn and thrive in the digital age: Evidence from an emerging economy. *Sustainability, 12*(9), 3819.

Trang, S., Trenz, M., Weiger, W. H., Tarafdar, M., & Cheung, C. M. K. (2020). One app to trace them all? Examining app specifications for mass acceptance of contact-tracing apps. *European Journal of Information Systems, 29*(4), 415–428. https://doi.org/10.1080/0960085X.2020.1784046

Udwan, G., Leurs, K., & Alencar, A. (2020). Digital Resilience Tactics of Syrian Refugees in the Netherlands: Social Media for Social Support, Health, and Identity. *Social Media + Society, 6*(2), 205630512091558. https://doi.org/10.1177/2056305120915587

Urbaczewski, A., & Lee, Y. J. (2020). Information Technology and the pandemic: A preliminary multinational analysis

of the impact of mobile tracking technology on the COVID-19 contagion control. *European Journal of Information Systems*, *29*(4), 405–414. https://doi.org/10.1080/0960085X.2020.1802358

Van Der Kleij, R., & Leukfeldt, R. (2020). Cyber Resilient Behavior: Integrating Human Behavioral Models and Resilience Engineering Capabilities into Cyber Security. In T. Ahram & W. Karwowski (Eds.), *Advances in Human Factors in Cybersecurity* (Vol. 960, pp. 16–27). Springer International Publishing. https://doi.org/10.1007/978-3-030-20488-4_2

Wheaton, M. G., Prikhidko, A., & Messner, G. R. (2021). Is fear of COVID-19 contagious? The effects of emotion contagion and social media use on anxiety in response to the coronavirus pandemic. *Frontiers in Psychology*, *11*, 567379.

Wright, D. J. (2016a). Toward a digital resilience. *Elementa*, *4*, 000082.

Wright, D. J. (2016b). Toward a digital resilienceDigital Resilience. *Elementa: Science of the Anthropocene*, *4*.

Yin, W., & Ran, W. (2022). Supply chain diversification, digital transformation, and supply chain resilience: Configuration analysis based on FSQCA. *Sustainability*,

14(13), 7690.

Zeng, X., Li, S., & Yousaf, Z. (2022). Artificial Intelligence Adoption and Digital Innovation: How Does Digital Resilience Act as a Mediator and Training Protocols as a Moderator? *Sustainability*, *14*(14), 8286.

Zhang, J., Long, J., & von Schaewen, A. M. E. (2021). How does digital transformation improve organizational resilience?—Findings from PLS-SEM and fsQCA. *Sustainability*, *13*(20), 11487.

第六章 圖書館數位化發展及數位韌性

緒　論

　　面對數位化時代的迅速演變，圖書館如何建立數位韌性成為關鍵議題，本章旨於深入探討圖書館在數位化發展過程中韌性的建構，涵蓋圖書館對技術變革的應對、數位資源的管理，以及服務品質及效率的維持等面向。本章將分析圖書館在數位環境中的適應策略，探討數位工具與平台如何助力圖書館提升服務能力以及使用者體驗。此外，本章亦將重點討論圖書館透過創新的數位服務促進知識共享，並在數位化背景下保留其作為文化與教育中心的核心價值。透過這些策略的探討，本章期望為圖書館在數位韌性的建構與強化提供指引，確保圖書館能在未來數位化浪潮中維持其重要性與影響力。

第一節　圖書館創新與數位化發展

　　圖書館創新泛指圖書館服務根據使用者需求變遷的進化過程，包括融合新數位技術的服務創新或改進，以及對使

用者資訊尋求行為新典範的因應（Yeh & Walter, 2017）。
圖書館創新廣義上涵蓋對既有服務的改變，以滿足使用者不
斷變化的資訊需求及資訊尋求方式。借助新興數位技術所推
動的服務創新，進一步促進了教學與研究新典範的發展
（Walter & Lankes, 2015）。資訊環境的迅速變化、圖書館
使用者的資訊尋求行為及圖書館運作模式的轉變，促使圖書
館資源使用模式從以圖書館為中心逐漸轉變為圖書館與使用
者之間的互動關係（O'Connor et al., 2007）。鑑於圖書館
的核心使命是確保資訊的平等取用，圖書館因而在使用數位
平台、實施創新技術以及資訊服務成為引領潮流的先鋒。這
個趨勢促成了 21 世紀圖書館角色與功能的根本性轉變。隨
著技術的快速發展與數位時代的來臨，知識與資訊資源獲取
變得更加迅速便捷，因此促使圖書館員的角色發生轉變。圖
書館創新的驅動力包括數位技術的興起、圖書館使用者資訊
尋求及利用方式的改變，以及這些變化所帶來的新需求與期
望，促使圖書館在提供使用者服務方面進行轉型。

　　在數位時代的脈絡下，針對圖書館在數位革命中的演
變過程，眾多學術研究展開了深入探討（Calhoun, 2014）。
這些研究指出，圖書館在數位化進程中遭遇到人力資源與技
術層面的多重挑戰，這對圖書館轉型與未來發展產生了深遠
的影響。從人力資源的角度來看，挑戰主要聚焦於館員的培
訓、技能的轉變以及管理與組織文化的適應。隨著數位技術
的不斷發展，圖書館員需掌握新興技能，包括資料管理、數

位典藏與使用者體驗設計等領域，這意味著館員的持續教育以及專業成長是不可忽視的關鍵議題。此外，數位化的推進促使圖書館從傳統的藏書中心轉型為更加注重使用者需求的服務導向機構，這個轉變亟須圖書館員以及管理階層對於圖書館的角色與使命擁有共同的理解與認同。圖書館的數位化發展不僅需要圖書館員的參與，同時需要資訊技術專家、內容專家、數位策展人等不同背景的專業人員的合作。因此，如何促進這些不同背景團隊成員之間的有效溝通與協作，以確保數位化發展項目的成功實施，也成為圖書館面臨的重要挑戰。

技術挑戰則涉及數位化硬體與軟體的選擇、資料保存、以及數位安全等問題。在實施數位化轉型過程中，數位化技術與設備至關重要，這不僅涉及到掃描設備與光學字符識別（Optical Character Recognition, OCR）軟體的選擇，亦包括數位典藏管理系統的決策，其中必須綜合考量品質、成本、可擴展性以及兼容性等多種因素。同時，數位化資料的保存與長期存取也是一大挑戰，涉及到資料格式選擇、儲存介質的耐久性、資料遷移、災難恢復策略的關鍵決策。此外，數位安全與版權問題也不容忽視，必須確保數位化資料免受未經授權的存取、使用或損壞，同時解決數位內容版權的合法使用。最後，實現數位資料與系統的互通性（interoperability）與標準化亦至關重要，這不僅能夠確保與其他資訊系統的互通，還能遵循國際標準，進而提升數位

典藏的可存取性及可用性。

　　面對數位轉型的挑戰，圖書館需要制定全面性的策略，其中包括人才培育計畫、技術提升方案以及跨機構合作，以確保數位化進程的順利實施及長期成效。隨著圖書館踏上數位化轉型之旅，大數據分析在此過程中扮演了關鍵角色，例如，可透過對社交媒體大數據分析，精準識別讀者的關鍵特徵及資訊行為模式。在這樣的機遇與挑戰面前，圖書館迫切需要投入人工智慧、大數據分析、區塊鏈等新興技術，以創新科技提升服務品質。同時，圖書館透過積極調整其空間及功能配置，為讀者提供豐富多樣的資源與活動。以創客空間的發展為例，這是一處讓讀者共同學習、創造、發明，以及培養那些線上學習無法提供的技能的場所。全球首家引入創客空間的公共圖書館——位於紐約州的費耶特維爾自由圖書館（Fayetteville Free Library），便是圖書館對促進持續學習之承諾與實踐的實例。這一系列的創新舉措不僅豐富了圖書館的服務內涵，更將其塑造成為一個支持社會創新與個人成長的重要平台（Willett, 2016）。

　　數位化之本質，乃是以數位通訊技術及媒介基礎設施為中心，重塑社會生活的各個面向（Brennen & Kreiss, 2016）。於圖書館領域，此一轉變體現於數位與雲端運算技術的快速發展。資訊科技成為推動圖書館演化的核心力量（Rasmussen, 2019），新冠肺炎疫情加速了圖書館的數位化進程，其持續發展已於當代圖書館運作中帶

來顯著轉型（Tunga, 2021）。這些數位技術對圖書館發展產生深遠影響，並進一步促成圖書館資訊服務創新以及數位學習。遠端使用已成為圖書館外展策略不可或缺的一環（George et al., 2021）。數位化拓展了圖書館服務範疇，進而提升讀者的資訊服務體驗，數位技術的採用成為評估數位圖書館服務效能的重要指標。這些圖書館不僅提供數位化的藏書及相關管理工具，亦構建開放式合作的環境，匯聚典藏品、資訊服務與讀者，以驅動人類社會中資料（data）、資訊（information）、知識（knowledge）及智慧（wisdom）的發展（Sharifabadi, 2006）。

學者社群提出圖書館共經歷了四次主要革命：圖書館 0.0、圖書館 1.0、圖書館 2.0、圖書館 3.0 至圖書館 4.0（Noh, 2015）。圖書館發展的歷程，可從圖書館 0.0 階段開始，此時期的圖書館主要以實體空間為基礎，假定讀者的所有資訊需求都能在圖書館內得到滿足，服務與資源的獲取依賴於讀者對實體圖書館的到訪。進入圖書館 1.0 階段，圖書館作為傳統的知識庫，強調其作為知識傳遞者的角色，而讀者則多扮演被動接收知識的角色。隨著資訊技術的發展與社會的轉型，圖書館進化至圖書館 2.0，此階段著重於讀者的主動參與及互動，部分地削弱了圖書館員傳統上的主導地位，鼓勵讀者參與內容的創建以及知識的共享，從而使圖書館成為一個更開放、促進互動的學習平台。圖書館 3.0 則是

在圖書館 1.0 與 2.0 的基礎上，結合兩者的特點，並在此基礎上進一步強調圖書館員在資訊價值鏈中作為引導者與協助者的重要性。圖書館 3.0 不僅保留了圖書館作為知識儲存與傳播中心的傳統功能，同時強化了其作為知識創新與互動交流平台的功能。在從工業時代向資訊時代的轉變過程中，資料存取的普遍性與便捷化推動了圖書館從 2.0 向 3.0 的演進，從而使圖書館服務超越實體空間的限制，邁向虛擬化、個性化、智能化的方向發展（Casey, 2006）。

自 2006 年以來，人工智慧技術的應用，特別是在語義網、雲端運算及移動設備等領域的進展，為圖書館 3.0 的發展提供了強大的驅動力。這些技術促使圖書館能夠基於讀者的隱性需求提供更加精準與個性化的資訊服務（Balaji, Vinay, Shalini, & JS, 2018; Kwanya et al., 2013）。隨著這些技術的應用，圖書館員的角色與職責也面臨著重大轉變。不再僅限於從供需的單一線性視角出發進行館藏發展，圖書館員也需要具備從多元視角對館藏及其他資訊來源進行深入評估與理解的能力。為了促進圖書館館藏的存取、檢索、可用性及易用性，運用如聯合檢索系統等先進工具成為不可或缺的一環。這些工具不僅促進了讀者生成內容的開發、組織與共享，更為讀者、專家、館員間的合作提供了平台，從而實現知識的有效傳播與利用。這樣的合作模式不僅體現了圖書館 3.0 時代下圖書館員與讀者關係的演變，也凸顯出圖書館作為知識與資訊共享中心的核心價值。

　　前述圖書館發展模式並非徹底取代前一版本，而是互相補充，並且融合了彼此的元素。使用版本號來象徵圖書館服務的進步，與網際網路的發展階段相對應的標籤應用息息相關。因此，圖書館 1.0 與網路 1.0 類比，圖書館 2.0、3.0 與 4.0 的發展與網際網路的發展進程有關。然而，此一發展序列及其邏輯架構目前仍存爭議，並持續在學者社群間討論著（Kwanya et al., 2013）。

　　在當前日趨複雜的環境下，圖書館位於技術進步與社會文化演進的交叉點上，面臨著適應與創新的迫切需求。隨著數位化浪潮的推進，如電子閱讀器、隨需印刷（Print on Demand, POD）服務，以及學術出版領域的根本轉變等（Lewis, 2013; C. Lynch, 1993），我們可以從圖書館設立創客空間以及提供多元文化服務中發現，圖書館的角色已經從傳統的文本資料庫轉變為一個促進創意與社會創新的社區樞紐。這場變革賦予了圖書館以數位技術為基礎的韌性，使其能夠有效應對不期而至的各種挑戰。然而，數位化的進程也帶來了一個悖論：隨著數位領域在社會中的地位愈發重要，同時也對多元社會的發展帶來了新的脆弱性與挑戰。值得注意的是，這些提供韌性的數位技術本身處在一個與傳統模式截然不同的系統中運作與演化，從而重塑了競爭環境。因此，當代圖書館不僅僅是知識的集散地，更是社會創新、永續發展以及動態適應能力的熔爐（Lee, 2021），在這個多變的時代中扮演著至關重要的角色。

第二節　圖書館的數位韌性

　　隨著數位技術的迅速發展，圖書館數位轉型已成為強化其服務能力以及組織韌性的關鍵策略，透過敏捷性（agility）與創新的融合，不僅促進了新興服務模式的發展，同時也加深了對數位轉型與韌性之間關聯性的理解與實踐。過去在數位化發展的研究主要集中於數位技術的轉型、數位學習，以及數位轉型對圖書館讀者的影響。然而較缺乏探討數位轉型與韌性之間的關聯（Armawi et al., 2021）。圖書館數位轉型是一個將數位技術應用於圖書館日常組織活動的持續過程，其中敏捷性是推動新興服務模式、利害關係人協作以及圖書館組織文化變革的關鍵因素。圖書館透過利用數位技術來推動核心服務策略的實施（Mergel et al., 2019）。因此，在圖書館組織管理層面上必須能夠與數位創新有效地協同發展，同時確保數位轉型能夠帶來預期效益，並強化圖書館組織面對衝擊與挑戰時的韌性。關於圖書館數位轉型的研究範圍廣泛，從一般性主題如探討圖書大規模數位化（Coyle, 2006），乃至於數位圖書館中圖書館員角色的探討（Bandyopadhyay & Boyd-Byrnes, 2016）；其中亦涵蓋更具體的研究議題，例如探討特定軟體在建構數位圖書館時的應用性（Tramullas et al., 2013）。Shoham 與 Klain-Gabbay（2019）聚焦於虛擬資源的使用，指出大部分學術圖書館讀者將圖書館視為實體及虛擬空間的整合，這也顯示

出數位轉型尚未被認為是學術圖書館發展的終極目標
（Shoham & Klain-Gabbay, 2019）。而 Xie（2018）則以資
訊檢索作為評估數位圖書館效能的依據，並提倡讓讀者自行
制定評估標準（Xie et al., 2021）。綜合上述論述，圖書館
數位轉型的過程不僅是技術的應用，更是一場涉及組織文
化、管理策略與利害關係人協作的全面變革。透過持續探索
數位技術與圖書館服務的整合，圖書館能夠提升其對讀者需
求的回應速度與品質，從而強化其在面對未來挑戰時的韌性
與適應能力。然而，要實現這一目標，就必須深入理解數位
轉型與韌性之間的關聯，並將此理解融入圖書館的策略規劃
與日常營運中，從而真正實現數位轉型帶來的全面益處。

在圖書館組織中發展數位韌性是邁向永續發展進程的
關鍵面向。在這個持續變化與轉型的時代，韌性為圖書館組
織一項極為重要的特質，韌性是指圖書館在面對環境變化時
能夠靈活適應並迅速恢復的能力，使其在困難時刻能夠持續
繁榮與調整。韌性通常必須透過經驗而逐漸發展與強化，圖
書館可以透過策略規劃來培養館員以及圖書館自身的組織韌
性。當衝擊與挑戰難以避免時，這種主動積極的策略，能促
使圖書館組織更有效地應對挑戰與衝擊。

圖書館在增進社區數位韌性的過程中扮演了關鍵角
色，尤其是在面對自然災害、疫情及變化干擾等挑戰時更為
顯著。社區韌性的觀念指的是一種適應性能力的體系，使得
社區得以適應外來的衝擊與干擾，並從中復原（Norris et

al., 2008）。在圖書館的情境下，這種韌性與圖書館所提供的適應性數位服務及資訊資源以及給予使用者的能力緊密相關，並可保障持續性的資訊與知識獲取（Kanyangale & Njoloma, 2020）。尤其當 COVID-19 疫情凸顯出圖書館數位韌性的重要性，相關研究強調，要確保圖書館及其使用者在數位環境中的韌性，則必須擁有一個明確的數位策略（Keating, 2020; Khlystova et al., 2022）。此外，疫情期間圖書館展現出的強大韌性不僅展現其能夠抵禦危機的能力，也意味著圖書館未來在吸引更多讀者及使用者、發揮更廣大影響力的可能性（Khlystova et al., 2022）。在當前這個充滿挑戰與不確定的時代，這些研究在在說明了圖書館在建構與強化數位韌性方面的重要性。

數位技術也為圖書館開啟了提升社區韌性的新機會。例如，圖書館可以提供技術資源，為社區活動提供空間，並作為社區資訊與災難敘事的儲存庫，從而貢獻於社區整體韌性（Veil & Bishop, 2014）。此外，雲端運算及儲存技術的使用協助數位圖書館提供更強大、更有韌性的服務，減少因技術問題或其他問題導致資料相關風險。轉型為數位圖書館在提升資訊韌性方面是一個重要因素，因為它改變了學術交流的方式，並為分享與傳播法律資訊提供新途徑（Niu & Hemminger, 2012; Peruginelli et al., 2021）。此外，採用數位基礎設施與技術如雲端運算與大數據分析使圖書館能夠適應新挑戰並促進數位韌性（Onea, 2022）。承上述，圖書館

的數位韌性對於確保持續獲取資訊與知識至關重要，特別是面對干擾與挑戰時。COVID-19 疫情凸顯了圖書館清晰的數位策略的重要性，而數位技術為圖書館提升社區韌性與資訊共享開啟新機會。

數位韌性對圖書館的永續發展至關重要，因為它保障資訊與知識的持續存取，這對學術研究、教育與終生學習至關重要，尤其在面臨自然災害、疫情或技術干擾等挑戰時。隨著數位化在學術交流與公眾資訊存取中的角色愈發重要，圖書館必須適應數位化轉型，包括發展數位資源、提供數位服務以及掌握如雲端運算及大數據分析等技術。此外，數位韌性增強了圖書館在危機與復原過程中為社區提供支持的能力，透過數位平台與工具提供災難應對資訊、教育資源與心理支持，從而促進社區的整體韌性。它也為圖書館提供了探索新服務模式與學習方式的機會，如線上學習平台、虛擬展覽與數位講座，豐富了讀者體驗並為圖書館的發展開拓新途徑。數位韌性還涵蓋了資訊安全與隱私保護，這對於獲得民眾信任與確保長期可持續性至關重要。最後，它促進了知識的開放存取與共享，有利於學術共同體與一般民眾間的資訊流通，進而促進社會進步。因此，圖書館透過發展數位韌性不僅能更好地滿足讀者需求，強化社區服務，還能為未來挑戰做好準備，為圖書館在數位時代的創新與成長奠定基礎。本章進一步以韌性觀點探討圖書館的數位化發展面向，其中包含數位館藏保存、數位技術適應、社區參與、資訊可及性

等四個重要面向：

一、在數位館藏保存方面

數位韌性可為圖書館提供有效保存及維護數位館藏的重要支持，以確保關鍵資訊資源的可存取性。從韌性的視角深入剖析圖書館的數位化進程，Wilson（2021）針對數位資料保存進行了細緻的研究，並提出一系列策略與實踐方法，旨於增強圖書館內數位藏品的保存效能。另一方面，Masenya & Ngulube（2019）則探討了學術圖書館在數位轉型背景下進行數位保存的具體實踐，並且特別關注數位保存對於實現永續發展面臨的挑戰及其必要性。除此之外，Becker et al.（2009）探討數位保存的系統化策劃，針對多種潛在策略進行評估，並提出制定保存計劃的指導原則，為圖書館制定有效數位保存策略提供寶貴參考。Matusiak 等人（2017）關注於資源受限的小型及中型文化遺產機構的數位藏品存取與保存問題，提出了一系列針對數位保存的實踐解決策略（Matusiak et al., 2017）。綜合前述文獻，不難發現我們可從多個維度深入理解數位保存的重要性及其對圖書館組織發展的影響。透過實施有效的數位保存策略，圖書館不僅能夠增強自身的韌性，同時也能為社會的永續發展做出貢獻。

二、在數位技術的適應（Technological Adaptation）方面

數位韌性在圖書館組織中的發展至關重要，因為它賦予圖書館應對不斷變化技術環境的能力。這種能力可確保圖書館有效運用數位工具與平台，從而強化資訊的可及性並提升讀者體驗。透過充分發揮數位韌性，圖書館不僅可提高其科技適應能力，亦可實現永續發展目標。同時，圖書館數位韌性的發展也能夠強化保護數位收藏品，並為資訊存取及保存的永續性作出貢獻。

三、在社區參與（Community Engagement）方面

圖書館在提升社區韌性方面扮演著關鍵角色。數位韌性可以協助圖書館運用數位資源與社區互動以支持社區發展，為整體社區韌性以及永續發展做出貢獻。Shiri 等人（2021）探討關於原住民數位敘事，以支援文化遺產保存與存取的數位介面，其研究呈現了來自加拿大、美國、澳大利亞的參與式及包容式設計理念以及相關案例，以展現並強調社區參與、以社區為基礎的檔案館藏對於文化遺產保存的重要性（Shiri & Villanueva, 2021）。除此之外，Liang 等人（2021）透過探討社交媒體在文化遺產的永續性回顧，提及在文化遺產管理過程中對數位社區參與（Digital Community Engagement, DCE）逐漸受到關注，並特別強調社交媒體在促進文化遺產永續發展的社區參與中所扮演的角色（Liang et al., 2021）。Dallas (2015) 探討數位保存（digital preservation）作為實現數位策展（digital curation）目標的必要條件，並強調務實的數位策展以及社區參與的重要性。在數位韌性的目標下探討社區參與，尤其在文化遺產保存及存取方面，可透過善用社區參與，圖書館與文化遺產機構能夠強化其數位韌性，並促進永續發展（Dallas, 2016）。

四、在資訊可及性（Information Accessibility）方面

數位韌性確保圖書館能夠維持高水準的資訊可及性，使讀者能夠有效地取用數位資訊資源。在組織適應性（Organizational Adaptability）方面，數位韌性使圖書館組織能夠適應技術中斷與變化，確保圖書館能夠持續為讀者提供必要的服務及資源（Bodenheimer, 2018）。透過數位韌性，圖書館組織可應對技術挑戰，保存數位資源，並為資訊存取及保存的永續發展做出貢獻。尤其在數位圖書館時代，不斷學習與更新數位技能是圖書館員職能發展的核心。這些技能不僅包括知識與資訊分享，同時亦包括終身學習與負責任的科技使用。以 Pikeboksi（Pikebox）為例，Pikeboksi 是芬蘭 Pirkanmaa 與 Central Finland（簡稱 PiKe）地區公共圖書館的租借式數位設備。自 2021 年 3 月以來，Pikeboksi 在圖書館中巡迴展示，Pikeboksi 共包含五個主題的電子設備與應用程式，分別是虛擬實境、擴增實境、遊戲、社交媒體

與影片，用來幫助圖書館館員獨立學習或在有效的指引下舉行工作坊，以激發出更多內容及工具重組的構想，並且提供給圖書館讀者或社區居民。為了促進 Pikeboksi 工具箱的有效實施，芬蘭 PiKe 鄰近地區的自治市圖書館館員共同組織工作坊，以確保館員們能夠有效使用這些工具、分享想法，並基於社區需求來創造相應的內容，透過圖書館所提供的新興數位設備進而發展出各種合作的可能性，例如青年工作者、教師、老年護理或文化與休閒專業人員之間的合作（Grahn, 2023）。

　　數位韌性對圖書館組織在邁向永續發展的過程中扮演重要的角色。它賦予圖書館適應不斷變化之技術及環境的能力，強化資訊的可及性，並確保數位藏品的保存。Zhang et al.（2021）探討數位轉型如何提升組織韌性，並特別強調企業有效進行數位轉型與實現組織韌性的實踐意義。這對於處於數位轉型中，並尋求在技術進步面前保持韌性的圖書館組織而言，具有特別的相關性。Jankowska & Marcum（2010）探討學術圖書館所面臨的永續性挑戰，強調包括印刷及數位藏品保存、技術基礎設施，以及生態足跡等多種因素對學術圖書館永續發展的威脅。這也凸顯出數位韌性在應對圖書館面臨的永續發展挑戰中的重要性。Veil & Bishop（2014）則主張公共圖書館在提升社區韌性的角色及功能，闡述圖書館作為核心社區組織的角色，並指出數位韌性在協助圖書館提升社區韌性與促進永續發展中的重要性。Yu

（2006）透過聚焦探討學術圖書館資訊來源的數位保存議題，強調提高對數位保存優點的認知，以維持長期對資訊的取用。這也突顯出數位韌性在確保圖書館組織內數位資源長期可及性與保存方面的角色。綜合過去文獻，我們可以看出數位韌性在圖書館組織發展及其邁向永續發展進程中的重要性。透過運用數位韌性，圖書館不僅能夠有效地應對科技創新挑戰，同時透過保存數位資源，為資訊的取用及保存提供永續性的支持。

　　圖書館數位韌性的實例涵蓋了運用數位科技以確保持續存取資訊與知識的廣泛策略與倡議，其中一個顯著的例子是建立圖書館聯盟，使成員能夠存取與共享數位技術，例如雲端技術、大數據與網站。這種協作方式不僅可降低成本，也可提供更廣泛的數位基礎設施，從而強化圖書館的集體韌性，並為國家發展做出貢獻（Khlystova et al., 2022; Onea, 2022）。數位圖書館在支持法律資訊的共享與溝通方面也扮演了關鍵角色，從而有助於資訊韌性，透過提供法律資源與資訊的存取，數位圖書館可進而強化法律學者、實務家與更廣泛社群的韌性（Peruginelli et al., 2021）。

　　此外，轉型同時也為數位圖書館改變了學術溝通的方式，為共享與溝通法律資訊提供新途徑。這個轉變凸顯出圖書館在擁抱數位科技以滿足使用者不斷演變的需求方面的適應性與韌性（Peruginelli et al., 2021）。英國國家圖書館對新冠肺炎疫情的回應，展現出數位科技在適應大規模干擾與

建立國家及國際韌性中的核心功能，英國國家圖書館的經驗亦強調動亂時期數位韌性的關鍵作用（Keating, 2020）。圖書館在衝擊與災害時期仍致力於履行其資訊服務使命的創新及努力，展示出圖書館適應非預期性災害衝擊時的韌性（Carbery et al., 2020）。這些實例共同展現出圖書館為強化數位韌性所採取的多元策略與倡議，從圖書館聯盟的協作方式到支持資訊共享與溝通的數位圖書館等，圖書館運用數位技術滿足使用者不斷演變的需求方面的適應性與韌性，在對挑戰與干擾的回應中表現得淋漓盡致。

數位韌性對圖書館服務創新有著關鍵性的多面向影響。在本質上，數位韌性涉及組織在遭遇數位挑戰與變遷時，能夠持續適應、恢復及成長的能力。對圖書館來說，這不僅意味著快速適應數位科技、開發創新服務，還包括在數位化過程中保持服務連續性與品質。在實踐上，這種韌性使圖書館得以推出新的數位服務，如電子書與線上資料庫存取、虛擬參考服務，並透過數位工具提升讀者體驗。進一步來說，數位韌性還體現在圖書館對數位安全威脅的應對上。隨著資訊、數據與網絡安全的重要性不斷上升，資訊安全與隱私保護已成為圖書館服務的核心組成部分，因此圖書館必須在技術、組織、管理層面上均展現出靈活性與適應性。基於上述理由，重視數位韌性也促使圖書館採納創新的管理策略與服務模式，以應對數位環境的迅速變化，這可能包括跨學科合作以及與技術供應商建立合作夥伴關係。數位韌性為

圖書館提供了一個穩固的基礎,以維護與提升服務品質、拓展服務範圍,並增強對讀者的吸引力。透過提高數位韌性,圖書館因此能不斷適應數位時代的需求動態,並在不斷變化的環境中持續創新與進步。

　　針對提升圖書館數位韌性的策略,目前的學術文獻已提出數種關鍵途徑。首先,全球新冠肺炎疫情凸顯出數位能力與適應性對於建構韌性策略的重要性,這意味著圖書館必須發展強大的數位能力以應對不可預見的干擾。無處不在的數位內容存取則考驗著圖書館能否立基於對未來的願景及遠見,透過發展清晰的數位策略,以期有效利用多元化的數位資源,促進使用者經驗最佳化,已成為圖書館數位韌性建構與強化的關鍵。除此之外,採用如雲端運算與大數據等數位基礎設施與技術已成為提升圖書館數位韌性的常見做法。這種對數位基礎設施的建構促使圖書館能夠增強對干擾的抵抗力並適應新挑戰。此外,強化現有基礎設施與數位內容,並確保館員及相關社群適應新常態,這對圖書館建立數位韌性來說非常重要,這不僅涉及創新技術的應用,還包括提升人力資源有效運用數位資源的能力。此外,數位技術亦可促進圖書館聯盟從傳統模式邁向以集成式圖書館管理平台與跨組織資訊系統為特徵的現代化模式。透過平台協作方式,數位技術可進一步加強圖書館系統的整體韌性,從而對國家及社會發展作出貢獻。綜上所述,圖書館數位韌性的策略包括發展強大的數位能力、明確的數位策略、採納先進的數位基礎

設施與創新技術、加強現有基礎設施與內容,以及透過聯盟
平台協作以有效運用數位資源。這些策略所產生的綜效,將
可強化圖書館在面對各種干擾與挑戰時的韌性。

　　承上述討論,圖書館在數位韌性方面的創新與努力展
現在多個層面,不僅包括跨圖書館之間的協作、數位基礎設
施的建構與強化,更擴展至資訊資源的共享、學術傳播模式
的優化,以及對疫情等突發性災害衝擊的快速適應能力。這
些實踐行動不僅凸顯出圖書館在滿足使用者需求以及促進知
識擴散方面的持續追求,同時也展示出數位韌性在保障資訊
服務持續性、支援國家及社區建構韌性的關鍵作用。因此,
積極探索與加強圖書館的數位韌性,對於應對未來的挑戰、
促進知識共享與社會發展具有不可替代的重要性。隨著數位
技術的快速發展以及社會需求的日益多元化,圖書館需持續
創新並提升其數位服務能力,以保持在知識經濟時代中的核
心地位,並為使用者提供無縫接軌、高效可靠的資訊服務,
從而在全球知識社群中扮演更加積極與關鍵的角色。

　　圖書館的數位韌性策略旨於透過提升數位基礎設施與
服務的能力,確保在面對數位挑戰及風險時能夠有效應對並
維持服務連續性。表 6-1 概述數位韌性策略的核心要素及其
效益:

表 6-1　數位韌性策略的核心要素及其效益

數位韌性策略的核心要素	效益
數位資源的多樣化與擴充	透過豐富與多元化的數位資源，包括電子書、線上期刊、資料庫、多媒體內容，增強資訊的可及性以及使用靈活性。
數位服務平台的建立與優化	提供穩定可靠的線上服務平台，支持線上取用與線上學習，滿足不同使用族群的需求，促進知識共享與學術交流。
資訊科技基礎設施的強化	透過升級軟硬體設備、加強網路安全以及資料備份，提高系統的穩定性與安全性，確保資料的完整性與隱私保密。
數位素養與技能培訓	舉辦數位素養培訓與工作坊，提升圖書館員與讀者的數位技能，使他們能夠有效運用數位資源及服務。
使用者體驗的持續改進	透過使用者反饋及大數據分析，不斷優化線上服務的界面與人機互動設計，提升使用者體驗與使用者滿意度。
應變計劃與災後復原策略	制定全面的應變計劃與災難後復原策略，確保在面對技術故障或災難情況時，能夠迅速恢復數位服務。

本研究整理

參考文獻

Armawi, A., Makmur, C. S., Septiyanti, M., & Wahidin, D. (2021). Digital learning transformation in strengthening self-resilience. *Jurnal Civics: Media Kajian Kewarganegaraan*, *18*(1), 10–25.

Balaji, B. P., Vinay, M. S., Shalini, B. G., & JS, M. R. (2018). An integrative review of Web 3.0 in academic libraries. *Library Hi Tech News*.

Bandyopadhyay, A., & Boyd-Byrnes, M. K. (2016). Is the need for mediated reference service in academic libraries fading away in the digital environment? *Reference Services Review*.

Becker, C., Kulovits, H., Guttenbrunner, M., Strodl, S., Rauber, A., & Hofman, H. (2009). Systematic planning for digital preservation: Evaluating potential strategies and building preservation plans. *International Journal on Digital Libraries*, *10*(4), 133–157. https://doi.org/10.1007/s00799-009-0057-1

Belling, A., Rhodes, A., Smith, J., Thomson, S., & Thorn, B. (2011). Exploring Library 3.0 and beyond. *Victoria: State Library of Victoria*.

Bingsi, F., & Xiaojing, H. (2006). Library 2.0: Building the

New Library Services [J]. *Journal of Academic Libraries*, *1*, 2–5.

Bodenheimer, L. (2018). Leadership Reflections: Resiliency in Library Organizations. *Journal of Library Administration*, *58*(4), 364–374. https://doi.org/10.1080/01930826.2018.1448651

Brennen, J. S., & Kreiss, D. (2016). Digitalization. The International Encyclopedia of Communication Theory and Philosophy, 1–11.

Calhoun, K. (2014). Exploring digital libraries: Foundations, practice, prospects. Facet Publishing.

Carbery, A., Fallon, H., Higgins, M., Kennedy, E., Lawton, A., & McCauley, C. (2020). Irish libraries and COVID-19: First reflections. *Insights*, *33*(1). https://insights.uksg.org/articles/10.1629/uksg.522/?utm_source=TrendMD&utm_medium=cpc&utm_campaign=Insights_TrendMD_0

Casey, M. (2006). Wikipedia to Library 2.0: You can stay.

Coyle, K. (2006). Mass digitization of books. *The Journal of Academic Librarianship*, *32*(6), 641–645.

Dallas, C. (2016). Digital curation beyond the "wild frontier": A pragmatic approach. *Archival Science*, *16*(4), 421–457.

George, G., Merrill, R. K., & Schillebeeckx, S. J. (2021).

Digital sustainability and entrepreneurship: How digital innovations are helping tackle climate change and sustainable development. *Entrepreneurship Theory and Practice, 45*(5), 999–1027.

Grahn, J. (2023). Unboxing more sustainable communities– Digital skills & learning together! http://repository.ifla.org/handle/123456789/3015

Jankowska, M. A., & Marcum, J. W. (2010). Sustainability challenge for academic libraries: Planning for the future. *College & Research Libraries, 71*(2), 160–170.

Kanyangale, M., & Njoloma, E. (2020). Relational-based Resilience of a Public University: A Case study on Losing a Library by Mzuzu University in Malawi. *South African Journal of Libraries and Information Science, 86*(1). https://doi.org/10.7553/86-1-1814

Keating, R. (2020). Disruption, values and resilience: The British Library's response to the Covid-19 pandemic. *Alexandria: The Journal of National and International Library and Information Issues, 30*(2–3), 84–89. https://doi.org/10.1177/09557490211008010

Khlystova, O., Kalyuzhnova, Y., & Belitski, M. (2022). The impact of the COVID-19 pandemic on the creative industries: A literature review and future research agenda. *Journal of Business Research, 139,* 1192–1210.

Kwanya, T., Stilwell, C., & Underwood, P. G. (2013).
Intelligent libraries and apomediators: Distinguishing
between Library 3.0 and Library 2.0. *Journal of
Librarianship and Information Science, 45*(3), 187–197.

Lee, P.-C. (2021). Technological innovation in libraries.
Library Hi Tech, 39(2), 574–601.

Lewis, D. W. (2013). From stacks to the Web: The
transformation of academic library collecting.

Liang, X., Lu, Y., & Martin, J. (2021). A review of the role of
social media for the cultural heritage sustainability.
Sustainability, 13(3), 1055.

Lougee, W. P. (2002). Diffuse Libraries: Emergent Roles for
the Research Library in the Digital Age. Perspectives on
the Evolving Library. ERIC.

Lynch, C. (1993). Interoperability: The Standards Challenge
for the 1990s. *Wilson Library Bulletin, 67*(7), 38–42.

Lynch, C. A. (2003). Institutional repositories: Essential
infrastructure for scholarship in the digital age. *Portal:
Libraries and the Academy, 3*(2), 327–336.

Masenya, T. M., & Ngulube, P. (2019). Digital preservation
practices in academic libraries in South Africa in the
wake of the digital revolution. *SA Journal of Information*

Management, 21(1).

https://doi.org/10.4102/sajim.v21i1.1011

Mason, D. (2010). Building Library 3.0: Issues in Creating a Culture of Participation. *The Electronic Library.*

Matusiak, K. K., Schierburg, M., & Bedard, R. (2017). *Preserving Cultural Heritage in Rural Areas: The Case of the Park County Local History Archives.* https://library.ifla.org/id/eprint/2690/

Mergel, I., Edelmann, N., & Haug, N. (2019). Defining digital transformation: Results from expert interviews. *Government Information Quarterly, 36*(4), 101385.

Niu, X., & Hemminger, B. M. (2012). A study of factors that affect the information-seeking behavior of academic scientists. *Journal of the American Society for Information Science and Technology, 63*(2), 336–353. https://doi.org/10.1002/asi.21669

Noh, Y. (2015). Imagining library 4.0: Creating a model for future libraries. *The Journal of Academic Librarianship, 41*(6), 786–797.

Norris, F. H., Stevens, S. P., Pfefferbaum, B., Wyche, K. F., & Pfefferbaum, R. L. (2008). Community resilience as a metaphor, theory, set of capacities, and strategy for disaster readiness. *American Journal of Community*

Psychology, 41(1), 127–150.

Ochs, M. A., & Saylor, J. M. (2004). Resources for the digital library. *Becoming a Digital Library*, 49–80.

O'Connor, S., Shih, W., & Allen, M. (2007). Working with Generation-D: Adopting and adapting to cultural learning and change. *Library Management*.

Onea, I. A. (2022). Exploring the COVID-19 pandemic impact on innovation and entrepreneurship – Review and evidence from Global Innovation Index. *Proceedings of the International Conference on Business Excellence, 16*(1), 527–544. https://doi.org/10.2478/picbe-2022-0051

Peltier-Davis, C. (2009). Web 2.0, library 2.0, library user 2.0, librarian 2.0: Innovative services for sustainable libraries. *Computers in Libraries, 29*(10), 16–21.

Peruginelli, G., Conti, S., & Fioravanti, C. (2021). COVID-19 and digital library services: An overview on legal information. *Digital Library Perspectives, 37*(1), 65–76.

Rasmussen, C. H. (2019). Is digitalization the only driver of convergence? Theorizing relations between libraries, archives, and museums. *Journal of Documentation*.

Sharifabadi, S. R. (2006). How digital libraries can support e-learning. *The Electronic Library*.

Shiri, A., & Villanueva, E. (2021). Methodological Diversity in the Evaluation of Cultural Heritage Digital Libraries and Archives: An Analysis of Frameworks and Methods. *Canadian Journal of Information & Library Sciences, 43*(3). https://search.ebscohost.com/login.aspx?direct=true&profile=ehost&scope=site&authtype=crawler&jrnl=1195096X&AN=148302890&h=gcBog%2B549wPGJiCXbiGzpoU5MLZB7fcT1WMD6%2BKByK43CLmFaaWb%2BwkpQyjS4L4xorWw0EPBBkmtULRMcUV9rQ%3D%3D&crl=c&casa_token=3ynmmLVnVSwAAAAA:Rh1dozL2mwtOQNMR2i6hfheqLhP6EUUlP56cHErJvzj-SnxzxXXlQQ421xC7lMlrRYhSq69WzUiWn34

Shoham, S., & Klain-Gabbay, L. (2019). The academic library: Structure, space, physical and virtual use. *The Journal of Academic Librarianship, 45*(5), 102053.

Tramullas, J., Sánchez-Casabón, A.-I., & Garrido-Picazo, P. (2013). An evaluation based on the digital library user: An experience with greenstone software. *Procedia-Social and Behavioral Sciences, 73*, 167–174.

Tunga, S. K. (2021). Library Services in Digital Environment: Challenges and Strategies in Covid-19 Pandemic Situation. *Journal of Advances in Library and Information Science, 10*(2), 94–101.

Veil, S. R., & Bishop, B. W. (2014). Opportunities and

challenges for public libraries to enhance community resilience. *Risk Analysis, 34*(4), 721–734.

Walter, S., & Lankes, R. D. (2015). The innovation agenda. *College & Research Libraries, 76*(7), 854–858.

Willett, R. (2016). Making, makers, and makerspaces: A discourse analysis of professional journal articles and blog posts about makerspaces in public libraries. *The Library Quarterly, 86*(3), 313–329.

Xie, I., Joo, S., & Matusiak, K. K. (2021). Digital library evaluation measures in academic settings: Perspectives from scholars and practitioners. *Journal of Librarianship and Information Science, 53*(1), 130–152. https://doi.org/10.1177/0961000620935505

Yeh, S.-T., & Walter, Z. (2017). Determinants of service innovation in academic libraries through the lens of disruptive innovation. *College & Research Libraries, 77*(6).

Yu, S.-C. (2006). The study of integrated frameworks for library and digital archives. *The Electronic Library, 24*(5), 608–618.

Zhang, J., Long, J., & von Schaewen, A. M. E. (2021). How does digital transformation improve organizational resilience?—Findings from PLS-SEM and fsQCA. *Sustainability, 13*(20), 11487.

國家圖書館出版品預行編目(CIP) 資料

圖書館永續發展與韌性策略/李沛錞著. -- 初版. -- 臺北
市：元華文創股份有限公司, 2024.06

面；　公分

ISBN 978-957-711-381-8 (平裝)

1.CST: 圖書館事業　2.CST: 圖書館管理　3.CST: 永續發
展

022　　　　　　　　　　　　　　　　　113006560

圖書館永續發展與韌性策略

李沛錞　著

發 行 人：賴洋助
出 版 者：元華文創股份有限公司
聯絡地址：100 臺北市中正區重慶南路二段 51 號 5 樓
公司地址：新竹縣竹北市台元一街 8 號 5 樓之 7
電　　話：(02) 2351-1607　　傳　　真：(02) 2351-1549
網　　址：www.eculture.com.tw
E - m a i l：service@eculture.com.tw
主　　編：李欣芳
責任編輯：立欣
行銷業務：林宜葶
出版年月：2024 年 06 月 初版
定　　價：新臺幣 450 元

ISBN：978-957-711-381-8 (平裝)

總經銷：聯合發行股份有限公司
地　址：231 新北市新店區寶橋路 235 巷 6 弄 6 號 4F
電　話：(02)2917-8022　　　　傳　真：(02)2915-6275